正说中国史

群雄争霸的春秋战国

史海渔夫◎著

中国铁道出版社有限公司
CHINA RAILWAY PUBLISHING HOUSE CO., LTD.

图书在版编目（CIP）数据

群雄争霸的春秋战国/史海渔夫著.—北京：中国铁道出版社有限公司，2021.3

（正说中国史）

ISBN 978-7-113-26880-0

Ⅰ.①群…　Ⅱ.①史…　Ⅲ.①中国历史—春秋战国时代—通俗读物　Ⅳ.①K225.09

中国版本图书馆CIP数据核字（2020）第078386号

书　　名：群雄争霸的春秋战国
QUNXIONG–ZHENGBA DE CHUNQIU–ZHANGUO
作　　者：史海渔夫

策划编辑：田　军　　　邮　　箱：wenhua@tdpress.com
责任编辑：奚　源
封面设计：闰江文化
责任校对：苗　丹
责任印制：赵星辰

出版发行：中国铁道出版社有限公司（100054，北京市西城区右安门西街8号）
印　　刷：北京铭成印刷有限公司
版　　次：2021年3月第1版　2021年3月第1次印刷
开　　本：710 mm×1 000 mm　1/16　印张：15.5　字数：215千
书　　号：ISBN 978-7-113-26880-0
定　　价：46.00元

前言

著名历史学家汤因比曾经说过：“一个人如果对历史有深切的感悟，他就一定能从中获得真知，因为历史的经验是最为丰富的一座智慧之库。”

中国是一个有着上下五千年历史的文明古国。源远流长的历史忠实地记录了中国人的成功与失败、兴盛与衰退、辉煌与悲怆、交替与更新，也昭示着中华民族的未来。

古人云：“鉴前世之兴衰，考当今之得失。”学习和了解历史，往大了说，正如历史学家波里比斯所言，“历史之特殊功用在于能使人明白某种政策或政见的成败原因，使我们更谨慎、更大胆地面对现实”。往小了讲，可以让我们通过这面镜子，“察为人之道，悟处世之法”。

这就是本书的写作初衷。

本书讲述的是群雄争霸的春秋战国时代，时间大致从公元前770年至公元前221年。在这长达五百多年的时间里，大国争霸，小国争胜；大国吞并，小国图存。治术和谋略明争暗斗，英雄和美女惺惺相惜。最终，“秦王扫六合”，天下归一统。

翻开这一段漫长的历史画卷，你会惊奇地发现，它的丰富、它的绚烂、它的多彩，远比山谷中的彩蝶、天空变幻的浮云都要精彩亮丽得多。那就让我们沿着历史的长河从头至尾细细地走上一番。

历史是严肃的，但绝不是无聊的史料堆砌，更不是索然寡味的大事年表。因此，本书大胆摒弃同类书籍刻板僵硬的行文模式和苍白无力的说教方式，力求以客观解史，以趣味说理。从新颖的视角切入，大处着眼，细节着手，在兼顾历史事实的基础上，深入挖掘历史事件背后的玄机，深度剖析历史人物的情感和内心世界，从而给您不一样的阅读感受。

虽然本书的写作说不上有多少技术或理念的创新，语言也谈不上多么优美和犀利，但真情实感犹如带着露珠的瓜果，从乡间田地采摘而来，清香扑鼻，能在您开卷阅读或掩卷沉思时，给您一丝味道独特的启示……

衷心感谢您对本书的关注，希望本书能对您有所裨益。

目录

第四章　大器晚成铸伟业

第五章　韬光养晦，一鸣惊人

第六章　风水轮流转

第七章　三千越甲终吞吴

第八章　一切都乱了套

第一章

大幕徐徐拉开

把家搬到黄金地段

为了让自己的国家有更好的发展，郑国人决定把家搬到“黄金地段”……

西周末年，周幽王为了博美人一笑，弄了个“烽火戏诸侯”。最后不仅把自己坑了，还把祖宗一大半的基业都赔了进去。继位的周平王有自知之明，见自己没有能力夺回镐京，便采取了躲的办法，干脆把都城东迁到洛邑，由此拉开了东周的序幕。

东周分为春秋和战国两个阶段。自公元前770年至公元前476年这段历史时期，史称“春秋”时期，因鲁国史书《春秋》记录了这一阶段的历史而得名；自公元前475年至公元前221年这段历史时期，史称“战国”时期，因西汉刘向编辑的史书《战国策》记录了这一阶段的历史而得名。

从东周开始，周天子就像一只落毛的凤凰，在诸侯们的眼里连只鸡都不如，成了他们争来抢去的傀儡。

那么，这一重大的变化是怎么发生的呢？

当然是春秋五霸争战的结果。

按通常的说法，春秋五霸分别是指齐桓公、晋文公、秦穆公、宋襄公和楚庄王。但也有人说这五霸中没有宋襄公和秦穆公，而是吴王阖闾和越王勾践。

这场笔墨官司和我们在《奠基华夏的上古西周》中所讲的“三皇”一样，打了两三千年也没弄出个子丑寅卯来。

但是，无论争论多么激烈，也无论这几个人有多么了不起，要说起春秋时期的第一位霸主来，还就真轮不到他们头上。

春秋时期的第一位霸主是郑庄公。当然了，庄公只是个小霸，他跟后来的齐桓公、晋文公等人没法比。

与西周立国时就被分封的那些诸侯国相比，郑国算是晚辈了。但是辈分虽然低，身份却很高贵，因为郑国的开国君主郑桓公是周厉王的幼子。

周幽王时期，郑桓公在朝中担任司徒（西周三公之一）。他看到周幽王昏庸残暴，要美人不要江山，就预感到周王朝前途不妙。再看看别的诸侯国，每个都在打着自己的小算盘，拼命发展自己的军事和经济实力，所以郑桓公就冥思苦想："咱得为郑国找条后路啊！"

当时郑国的封地与犬戎靠得很近，一旦西周遭到犬戎大规模入寇，最先遭殃的就极有可能是郑国。面对这个难题，郑桓公想了三天三夜也没想出个好办法，于是问计于一个叫史伯的大臣。史伯的建议是，最好迁到"河济之南"去。

郑桓公有些不解："那儿离咱这儿有千里之遥，迁到那儿干吗呢？"

史伯解释说："河济之南是虢国、郐国的封地，土地肥沃又远离犬戎。如今虢、郐两个国君不得人心，而您作为大周的司徒，在百姓心目中的声誉很高，所以如果咱们迁到那儿去，就可以利用您的声誉，壮大郑国的实力。"史伯说的地方也就是今天河南新郑一带。

郑桓公觉得这个主意不错，可那是虢、郐两国的封地，也不能明抢啊，怎么办呢？

史伯说："明抢当然不行，但可以暗夺啊……"于是在桓公耳边如此这般地说了一番。

郑桓公点点头，便按照史伯的建议，利用自己是天子亲叔叔，又是朝廷司徒的身份，向虢国和郐国的国君进行贿赂，张口索要他们的地方。

虢、郐两国的国君虽然心里老大不乐意，但又不敢轻易得罪位高权重的郑桓公，加上人家送来的丰厚礼品，还是挺有诱惑力的。因此稍做商议后，各献出了五座城池给郑桓公。

一开始郑桓公觉得挺满意的，但等到把人口都搬迁过来后，才发现地方太小了。用郑桓公的话说就是，“咳嗽声大一点别国都能听见，稍不留神一只脚就跨出了国界。”因此，他采用威胁利诱等方式，陆续又霸占了虢、郐两国的一些土地。

正当郑桓公准备采取下一步行动时，恰逢犬戎攻陷镐京，郑桓公不幸在这场变故中遇难身亡，他扩地立国的大业这才暂时打住。

郑桓公死后，郑国人拥立他的儿子掘突为国君，是为郑武公。由于郑武公的父亲有功于周王室，周平王于是册封他为卿士（即执政之官）。

做了卿士的郑武公决心继承老爸的遗志，将扩地立国的宏伟大业继续进行下去。不过，他可没有父亲那么“温柔”，他觉得老爸太小家子气，费半天劲才弄回个仨瓜俩枣的，多没意思。他准备来个大手笔，把郐国一举拿下。

怎么拿呢？毕竟有那么多的诸侯国看着，蛮干肯定不行。所谓“师出有名”，就是说打仗是需要理由的，否则就会“失道寡助”。对郑武公来说，这个理由至少看起来要冠冕堂皇。

这当然难不住聪明的郑武公，他很快就找到了这样一个理由。

他的理由就是：当年他老爸东迁时，郐、虢两国曾经收受了贿赂，这样的行为不能容忍！这真是翻手为云、覆手为雨。

公元前 769 年，郑武公就以这样一个很奇葩的理由为借口，出兵郐国，很快就将这个弱小的国家给灭了。

眼看郐国含冤而灭，虢国的国君吓得不行，因为他当年也收过郑桓公的好处。

怎么办呢？

情急之下，虢国国君亲自带着大量的金银珠宝和名车美女，前去给郑武公赔罪。

刚一见面，虢国国君就立刻跪倒在地，一面痛哭流涕，一面痛批自己，然后又用追悔莫及的语气说，当年自己年轻不懂事，贪恋钱财、收了不该收的礼物，现在愿意痛改前非。只求你大人有大量，放我一马。

郑武公看到虢国国君送来的这些东西，早就心花怒放了：这价值可是当年的好几倍啊！呵呵，这下连本带利全收回来了，而且还白得了块地，这买卖实在太划算了。再一低头看到跪着的虢国国君，不禁莞尔一笑：你这么有诚意，又跪地求饶了，那就暂且放你一马吧。

得到郑武公的口头承诺后，虢国国君高兴得连晚饭都来不及吃，就连夜赶回去了，可事实证明他太天真了。

郑武公之所以暂时不打虢国，一则是刚刚收了人家的大礼，立马翻脸不认人也说不过去；二则还是要顾及一下影响，毕竟还有那么多诸侯国眼睁睁地看着，随随便便打虢国，容易给留下口实，影响不好。

但今天不打，不等于明天也不打。这时的郑武公就像一只老猫，你让它枕着咸鱼睡觉，它能睡得着吗？因此两年后，他最终还是找了个借口把虢国给灭了。

收拾了身边的两个小国后，郑武公见周天子和其他诸侯国并没有什么大的反应，因此野心更加膨胀，决定将水草丰美的胡国也收入囊中。

但胡国不同于郐、虢两国。胡国人个个擅长骑马射箭，勇猛剽悍，加上郑国先前的所作所为已让胡国对其产生了严重的戒备心理，因此早就在边境地区增加了大量的机动部队，以应付郑国的攻击。

郑武公的演技非常高超。这不，虽然内心已打定主意要灭掉胡国，但他却没有立即露出狰狞的面容，而是表现出了极大的“善意”。

他派出一个能干的大臣携带丰厚的礼物，前去胡国求亲。说胡君您一表人才、治国有方，我们国君呢，又恰巧是个惜才的人，因此准备将自己的公主许配给您。您看是不是就笑纳了？

胡国国君本来正担心郑国要攻打自己呢，没想到居然有“好事”从天而降，一开始还以为自己是在做梦，直到狠狠地掐了一下大腿，直痛得龇牙咧嘴，才确信真是“天下掉下个林妹妹”，就忙不迭地答应下来。

择定了良辰吉日后，郑国公主带着一群娇艳美女嫁了过去。这些美女个个媚术高超，把胡国国君哄得整天晕乎乎的，几乎都忘了自己姓什么。

就这样过了一阵后，一天，郑武公召集手下人问道：“我最近手痒痒，你们看打谁好呢？”

大臣们面面相觑，不知道郑武公想表达什么，也就没有出声。有一个叫关其思的大夫，平时很有些小聪明，尤其善于揣测郑武公的心思。他当下眼珠子一转，心想：“就您这点儿心思，我还能不知道吗？”因此，他大声说道：“君上，我们可以收拾胡国了。”

说完，关其思高昂着头，等着郑武公赞赏他善解人意。没想到郑武公却拍案大怒道：“你个混账东西，居然口出胡言！胡国是我们山水相连的好邻居，又娶寡人的女儿，你竟然怂恿我去打他，居心何在！来人，给我拉出去砍了！”看来拍马屁搞不好会把小命也赔进去。

关其思被杀的消息传到胡国后，胡国国君既感动又惭愧。感动的是，原来自己的老岳父这么向着自己；惭愧的是，自己居然还防备着他老人家。这还是人做的事吗？因此，胡国国君很快就撤走了边境上的军队。

眼见郑、胡两国的边境已没有胡军驻守，郑武公便命令郑军在一个伸手不见五指的夜晚，打着火把偷袭了胡国，不费吹灰之力就将女婿的地盘划到了自己名下。

郑武公先后灭掉鄶、虢、胡三国，又利用自己和周天子的特殊关系，从周平王手中索要了其他一些小国的土地。到郑武公去世时，其国土面积已经是他爸爸在世时的十倍。

郑桓公和郑武公父子二人真是有眼光，他们选择的河济之南的土地，是当时的黄金地段，不仅土地肥沃，而且还是当时天下的正中。加上国家扩大后，郑武公鼓励发展工商业，保护商业贸易，使得当时其他诸侯国的富商大户几乎都集中到了这个地区。

就这样，在这父子俩的精心经营下，郑国的土地在东周早期虽然不是最大的，但经济却是最发达的，加之地处中原腹地，远离战火，发展形势一派大好，为郑庄公后来成为春秋首霸奠定了基础。

先让他疯狂，再让他灭亡

面对弟弟和母亲一次又一次的欺负，郑庄公一直忍气吞声。他当然不是软弱，而是有自己的盘算……

公元前 744 年，为郑国的发展打下基础的郑武公病逝，长子寤生继承君位，是为郑庄公。

“寤生”这个名字听起来很特别，其实就是“逆生”的意思，也就是女人分娩时，婴儿的足先出来。用今天的话来说，就是难产。那个年代的医学远不如如今发达，可以剖宫产什么的。每遇难产，女人不死也得脱几层皮。因此，吃尽了苦头的郑庄公母亲武姜就给这个头胎长子起了个名字叫“寤生”，用以纪念自己的那段痛苦经历。

这位郑庄公打小就不是个省事的主儿，喜欢给别人找麻烦，而且因此也给自己以后的人生带来了很大的麻烦。

以嫡长子的身份继承郑国君位后，郑庄公并不受自己的母亲武姜待见。这也不难理解，当年为了生他，他老娘被折腾得晕死了好几回，还能喜欢他吗？所以，武姜把自己全部的爱都给了自己的小儿子共叔段。

这还不算。郑庄公刚一继位，他母亲和弟弟就开始找他的麻烦。武姜要求郑庄公把国内最大而又富饶的京地分给共叔段，并且给共叔段封号“太叔”，世称京城太叔。

武姜和共叔段的心里在打什么鬼主意，全郑国人都知道，那就是把郑庄公的君位给弄过来。

郑庄公也不是个善碴儿，对于母亲和弟弟的那点花花肠子，他早就是“哑巴吃饺子——心里有数”。但他装着不在乎：想要封地——给，想要封号——封。母亲和弟弟要什么，郑庄公就给什么。无限制的纵容，就是为了让他们的嘴脸都暴露在阳光下。

有个叫祭足的大臣，是个实诚人。他对郑庄公的“大方”实在看不下去了，就劝庄公说：“君上，您要小心啊，太后和您弟弟都没安好心。”庄公只是笑，不置可否。

看到庄公这么“好欺负”，共叔段就在母亲的支持下，持续不断地找麻烦，又是串联亲信，又是整顿军队，忙得不亦乐乎。

公元前 722 年，共叔段修建好了城池，储备足了粮食，制造出了武器，训练好了士兵，时刻准备偷袭郑国国都。武姜也做好了准备，预备为他打开城门，里应外合。

就在这紧要关头，一直装傻充愣的郑庄公出手了。还没等共叔段出兵，他的军队就从天而降，轻而易举地把弟弟打了个全军覆没。无可奈何之下，共叔段只得逃往鄢地。至此，庄公彻底解决了这个给自己找了多年麻烦的弟弟。这就是历史上著名的“郑伯克段于鄢”的故事。

了结了这个爱惹麻烦的弟弟，郑庄公对帮着弟弟给自己找麻烦的母亲武姜也伤透了心。他先是把母亲流放到颍，然后又发下毒誓：不到黄泉，永不相见。

然而，母子终究连着心。过了不久，他便后悔起自己当初说的那些有违孝道的话来。但君无戏言，说出来的话岂能轻易更改!

怎么办?

日夜思念母亲的庄公苦恼不已。茶不思、饭不想的他，把自己弄得憔悴不堪。

郑国大夫颍考叔当时是颍谷管理疆界的官员。他听说了这件事后，就以进贡当地特产为由觐见郑庄公。

庄公很高兴，设宴款待他。席间，颍考叔把肉放在一旁不吃。庄公很好奇，就问他原因。颍考叔回答说：“我有个年迈的母亲，凡是我吃过的饭食，她都已经品尝过了。但是她从未吃过国君赏赐的肉羹，所以，请君上允许我把这些肉带回去孝敬她老人家。”

庄公听后，突然想到了自己被流放他乡的母亲，不禁眼泪汪汪地对颍考叔说：“天下人都可以送东西给母亲吃，唯独我不能！”

颍考叔故作不解地问道：“请允许我大胆地问一句，君上您说的这句话是什么意思呢？”

于是，庄公就把心头那件让自己苦恼不已的事原原本本、详详细细地告诉了颍考叔。颍考叔听后静静地想了一会儿，然后诚恳地对庄公说：“这还不简单吗？您挖个地道，然后在地下与母亲相见，不就行了吗？”

庄公听后豁然开朗，立即按照颍考叔的方法，派人在城外挖了一条地道。等地道建成后，他命人把母亲从城颍接来，然后母子两人分别从两头进入地道。

庄公在地道这头，远远地见到了正朝自己走来的母亲，心里特别高兴，脱口而出：“大隧之中，其乐也融融！”

武姜一见到庄公就已经激动万分了，再听到庄公之言，更是感动不已。母子俩当即抱头痛哭。当庄公扶着母亲走出地道后，武姜也高兴地说道：“大隧之外，其乐也泄泄！”终于，庄公和母亲冰释前嫌，重归于好。

这就是有关郑庄公的另一个著名故事：黄泉会母。今天的老人们，也经常会拿这个故事教育年轻人：天下哪有不是的父母，孩子怎能记父母的仇？做人还是要孝顺。

这两个故事虽然简单，但简单的背后却分明让我们看到了一件更重要的事。周王朝的道德体系是以宗法制为基础的。宗法制所强调的就是周王朝所推崇的孝道。在西周的宗法制度里，不孝是最大的罪恶。作为周王室亲族的郑国国君家族，更应该尊崇孝道。

由此可见，作为周王朝基石的孝道，此时已经开始沦丧。连最基础的孝道都沦丧了，其他的就更不用说了。统一的国家理念，“普天之下，莫非王土；率土之滨，莫非王臣”的忠诚，不是崩就是坏。在看似平静的表面下，争霸的暗流即将喷薄而出。郑庄公遂成为第一个弄潮儿。

舍面子，斗天子

谁都想有面子，然而面对周天子咄咄逼人的气势，郑庄公却甘心把自己的面子撕碎一地……

与自己的母亲和解后，不甘于现状的郑庄公把目光放到了自己封国以外。他的如意算盘是，老在自家这一亩三分地上待着，也没什么大的出息，怎么着也得找找别人的麻烦，从中捞点好处。

郑庄公找麻烦的第一个对象是许国。

许国位于郑国南边，国小人少，但却是郑国向南发展的必经要道。不过，许国虽小，后台却很硬。它和当时还算强大的宋国、卫国等结有战略同盟关系。

郑庄公不吃这一套。你能抱大腿，我就不能找靠山吗？他通过出让田地、赠予金钱等手段，也和东面的齐国、鲁国这两个当时的强国结成了战略同盟。

有了靠山的郑庄公开始行动了。他亲自率军击败了宋国、卫国、陈国、蔡国的联军，又趁着宋国内乱，扶持了一个听命于己的国君。

敲掉了许国的靠山，就该打许国了。后来，到公元前 712 年，郑庄公终于联合齐国、鲁国轻而易举打败了许国，并吞并了它。

看到郑国战斗力强大，作为盟友的齐国和鲁国都被吓怕了。他们虽然和郑国一样也是胜利者，却不敢从中分一杯羹，而是任由郑庄公独占了许国。那个时候的郑庄公，俨然已是郑、齐、鲁三家联盟里的老大，有点一览众山小的味道。

眼见郑庄公要独霸天下，自然会有人不高兴，首当其冲的便是贵为九五之尊的周天子。周平王老早就对郑庄公很不满了。在周平王眼里，郑庄公算什么？不过是我看在你父亲的面子上，让你承袭了卿士之位而已。往近了扯，也不过是本家族的亲戚罢了。你的任务本来是协助天子处理国家政务，现在你却四处找麻烦，还把我这天子放在眼里吗？

越想越来气的周平王决定也找找郑庄公的麻烦。不过当时的郑庄公还羽翼未丰，而周平王的势力也遭到了极大削弱，虽然说瘦死的骆驼比马大，但他也没办法一竿子捅死郑庄公。因此，双方经过几次沟通后，觉得还是和为上，于是达成协议，都送一个自己的儿子到对方地盘做人质。这就是历史上著名的“周郑交质”。

当然了，同样的性质可以有不同的说法。表面上，郑庄公还是给足了周天子面子——他的儿子在周是实打实地当人质，而周平王的儿子在郑国却美其名曰是“考察”。虽然看似在名义上吃了点亏，但郑庄公其实是取得了这次交锋的胜利。这也说明当时郑庄公凭借实力，实际上已经可以和周天子平起平坐了。这一年是公元前 720 年。

同年，周平王过世，周桓王继位。周桓王是周平王之孙。桓王的父亲太子姬泄父早死。平王去世时，平王的另一个儿子姬狐正在郑国做人质。姬狐回朝奔丧，随即悲伤过度死去。周桓王以太孙的身份继位。

这位小天子年轻气盛，也是一个不怕找麻烦的主儿。由于忌惮郑庄公在朝中的势力和对周郑交质不满，屁股还没坐稳，就向郑庄公发难。在郑庄公第一次来朝拜时，周桓王几乎就没拿正眼瞧他，完全视郑庄公为空气。

受到冷遇的郑庄公心里有些不爽，回到封国后，就把新天子的态度说给大臣们听。大家一听都非常气愤，认为周王室忘恩负义，干脆找个借口把桓王轰下台得了。

这时，有个大臣提醒说：“周天子毕竟还是天下共主，公然和他作对不就失道寡助了吗？这么蠢的事咱们不能干。不过呢，咱们也必须表个态，让他知道欺负咱们的后果是什么！”

郑庄公一想，这个办法好。于是按照这位大臣的计策，派三千军士来到周天子的地盘内，一天工夫就把麦地里快要成熟的麦子全割光了。

周桓王听说后，暴跳如雷，大骂道：“郑国狗胆包天，竟然欺侮到天子头上！”他当即下令，马上集结大军向郑国兴师问罪。

这时，一个大臣上奏说："区区小事何必大动干戈呢！郑国就好比是周王室的儿子，儿子向老子讨口饭吃，有什么大不了的？"

周桓王虽然年轻冲动，好歹还是听得进人劝，于是大笑着说："你的比喻太恰当了。好吧，咱们就当打发叫花子了。"这事也就不了了之。

没想到，到了秋天，郑军又来了。这次他们收的是金黄色的稻子。盛怒之下，周桓王又想对郑国兴师问罪。

这时那个大臣又出面劝诫说："郑国人想必是饿疯了，看在他们饥饿上，还是饶了他们吧。那点稻子就全当喂狗了。下次郑庄公再来朝拜，大王您教训他几句就行了。为这点小事大动肝火，不值当。"

周桓王只好又作罢了。其实大臣的劝是一回事，桓王的心里也有一本账。他知道郑国的军队训练有素，自己的军队常年不打仗，是否打得过郑军谁也不敢打包票。因此不到万不得已，他也不愿和郑国刀兵相见。

不过，仗可以暂时不打，胸中的这口恶气却是一定要出的。因此，到郑庄公第二次来朝拜时，周桓王摆足了天子的谱，指着鼻子把郑庄公从头到尾骂了个狗血喷头。

郑庄公反应出奇淡定。他心想："你骂吧，我就当你是在泼妇骂街。你折损我的面子？面子这东西，说不重要还真就半毛钱都不值。"

几年后，周桓王任命了一个右卿士，直接分了郑庄公作为王室卿士的权力。周桓王此时的想法和当年的共叔段一样，认为自己实力强了，能压制郑庄公了。三年之后，周桓王又把郑国周围的一些田地、房屋划到了周王室名下。

面对周桓王的得寸进尺，郑庄公的反应仍然很淡定：给我摆天子的谱，没关系，咱装傻充愣打哈哈；分我卿士的权力，也没关系，一身轻嘛；抢我的地盘，那更没关系，身外物喜欢就拿去……郑庄公就像当年对自己的弟弟那样。

周桓王的胆气越来越壮——好吧，那我干脆给你来个彻底吧。公元前 707 年，周桓王彻底剥夺了郑庄公的卿士职权，郑国从此不朝。同年秋，周桓王纠集了陈、蔡、卫三个诸侯国的军队伐郑。

这次出师的理由是惩罚郑庄公的不朝觐。此时的周王室权力虽然走向衰落，但毕竟是天子，要维护君临天下的威仪，像郑庄公这样尾大不掉的诸侯，不惩罚是不行的。否则，这天子还真就没法当了。

周桓王要靠拳头说话。得意的周桓王认定，郑庄公是徒有虚名，前面几次找麻烦都不敢接招，看来一口气灭了郑国应该不是什么难事。既然能轻易打掉郑庄公，并借此给天下诸侯重新立规矩，何乐而不为呢？

从周桓王这边的实力来看，他确实想不自信都难。这次周军阵容非常强大——周桓王亲自统领中军，蔡、卫两国组成左军，陈国组成右军。三大诸侯国把压箱底的精锐部队都带来了，又打着名正言顺的讨伐叛逆旗号，天子还御驾亲征，天时、地利、人和似乎全占了。

郑庄公这边就惨淡多了。首先，实力上相比周天子，多少还是要逊色一些；其次，郑国的两个盟友齐国和鲁国不敢背上和天子作战的罪名，都闪在一边看热闹。郑庄公能动用的也就是郑国自己的军队。

虽然郑军打仗很有一套，胜算却不大。原因很简单，第一，是以诸侯的身份对抗天子，道义上就输了半截；第二，军队数量远远不如对手；第三，被三面夹击，地利上更吃亏。打胜仗应当拥有的条件，似乎一样都不沾边。

可惜，杀气腾腾的周桓王怎么也想不到，就如当年郑庄公的弟弟共叔段一样，他这次也落入了郑庄公的圈套。

原来，郑庄公的退让，就如当初对付亲弟弟一样，不过是在扮猪吃老虎罢了。很快，周天子这只“纸老虎”就要尝到苦头了……

“菜鸟”怎干得过“老油条”

相比在沙场摸爬滚打了半生的郑庄公来说，周桓王就像一只刚出道的雏鸟，他的失败不可避免……

人们常说，机会无处不在，关键是要有一双善于发现的眼睛。郑庄公恰好就有这样一双眼睛。原来，狡猾的他早已从种种不利局面之中，找到了可以说是唯一的制胜机会。

当时，周军虽然人多势众，但大部分是由诸侯联军组成，直接隶属于周王室的部队并不多，可以说是鱼龙混杂，政令、军令很难得到统一。比如给桓王担任右军的陈国军队，自己国内刚好遇上了大水灾，将士们个个惦记着自家的妻儿老小，有多少战斗力真不好说。

还有蔡、卫两国，本身就很弱小，军队也没有多少战斗力可言。他们凑合着跟过来，不过是想等打了胜仗占点便宜而已。要想让这样的帮手帮上忙，那无异于是在等天下掉馅饼。

更何况，周桓王本人从未有过战争经验，用今天的话说，纯粹沙场“菜鸟”一个。虽然他的御驾亲征对提升士气能起点作用，但这样的士气就像一个皮球，稍微用硬的物体一扎，就会消失于无形。

最要命的是，稚嫩的周桓王面对的是郑庄公这么一个“老油条”，对于周桓王方面的弱点，郑庄公早就看得一清二楚。

因此，战斗刚一打响，郑庄公先以左右军摇动大旗，喊杀声声震如雷，但却并不发动中路进攻。相反，他令精锐部队火速出击，狠揍担任右军的陈国军队。

事情果然跟庄公设想的一模一样，陈军实在太不经打，一打就溃不成军。右军的瞬间崩溃让周桓王目瞪口呆，半天都没缓过劲来。等他反应过来，蔡、卫两国军队也早就逃得没影儿了。

刚打了个照面，周天子的左右两军就跑了个精光，只剩中军在战场上苦撑，郑庄公当即下令合围，然后发起总攻。

孤军奋战的周军被打得鬼哭狼嚎，求生心切的桓王率残部拼死突围，总算杀开了一条血路。就在桓王准备稍微轻松地呼一口气时，一件在当时看来不可思议的事情发生了。

原来，郑国的大将祝聃看见周桓王落荒而逃，想都没想，张弓就是一箭。

“大王中箭了！大王中箭了！”这支箭不偏不斜地射中了周桓王的肩膀。这下问题可严重了。按照周礼，天子乃万金之躯，神圣不可侵犯，碰一根头发都不行。因此，无论是周桓王自己，还是陈、蔡、卫的所有人，包括郑庄公，大家一时都惊呆了，不知道怎么办才好。

周桓王首先反应了过来。通常来说，战败后第一反应都是逃跑，而且越快越好，但贵为天子的周桓王这次不但被打得丢盔弃甲，连万金之躯都让人家射了个窟窿，简直没面子到了极点。

周桓王再没脾气也咽不下这口窝囊气。因此中了一箭后，他突然英雄气迸发，不但不逃了，反而直接调转车头准备再次指挥军队作战。

可惜的是，这个时候谁听他的呀，大家都只恨爹妈给自己少生了一条腿，一个个逃跑得比兔子还快。

祝聃看见周桓王的战车调转了方向，心里很生气。明明射中了，他还来劲了？赶紧请求郑庄公乘胜追击。

郑庄公虽然跟周桓王交恶多年，敢抢麦子、割稻子，但是真正伤害到周天子，他是没想到的。因此，他制止说：“行了，教训一下就可以了，得饶人处且饶人吧。他都受伤了，君子不赶尽杀绝啊！”其实郑庄公心里想的是，要是真抓住了周桓王，该拿他怎么办呢？还不如让他跑了。

周桓王看郑国军队不追击了，认为自己好歹也挣回了一些面子，于是边骂边坐着战车逃走了。

这就是历史上著名的繻葛之战。这场战争的意义深远。周桓王方面当然是赔大了，精锐部队损失殆尽，周王室在诸侯中的威望大大折损。本来想牛气一把，结果却丢尽了面子。郑庄公方面则赚了个盆满钵满。小小的诸侯，以下犯上打败了天子的军队，这还了得吗？此战之后，郑庄公巩固了其在诸侯中间的独大地位，不久后他率军帮助齐国打败了北戎的进犯。郑庄公“小霸”的局面就这么形成了。

为什么叫“小霸”呢？这与郑庄公称霸的规模和时间密切相关。

郑国位居中原腹地，有黄河的滋润，因而土地肥沃，有称霸的良好资本。但从发展潜力上看，就差得多了。既没有齐国东靠大海的渔盐之利，也没有楚国南临百越的地利优势，更没有秦国坐拥八百里秦川的财大气粗。争霸的先天条件不足。

郑庄公本人不是一个具有长远战略眼光的人。他在位期间，虽然打服了卫国、蔡国、宋国，吞并了许国，连九五之尊的周天子都被他揍了一顿，顺顺利利做上了老大，貌似八面威风，但也仅是表面上的威风而已。对宋、陈，蔡诸国，郑庄公既没有彻底削弱其势力，更没有借机占有具备战略意义的地方。因此，称霸的规模小得可怜。

从称霸时间上看，郑国的霸业更是昙花一现。公元前 701 年，也就是繻葛之战六年后，庄公即告离世，由其子昭公继位。

郑庄公在位四十多年，他活着的时候自然无人敢惹，但一旦他去世，一切就不同了。

公元前 700 年，权臣祭足作乱，推翻了郑昭公的统治，立其弟郑突为郑厉公。四年后，祭足又赶走郑厉公转而迎接郑昭公回国复位。之后长达二十多年的时间里，郑国一直处于兄弟争位、权臣争权的动荡之中。曾是“小霸”的郑国，也就在此期间彻底失去了霸主的地位，由“小霸”变成了小国。

纵观整个春秋战国的历史，郑庄公虽然只是“小霸”，然而却至关重要，因为他标志春秋时代诸侯势力坐大、天子实力衰微的开始。而且，正是郑庄公打开了诸侯争霸这个“潘多拉的魔盒”，春秋战国诸侯争霸大戏隆隆上演。

那么，接下来争霸的主角又是谁呢？

第二章

得人才者得天下

拼演技，小白成功抢位

郑庄公死后，郑国很快衰落下去。那些真正的春秋霸主，开始一个个登场……

小霸郑庄公死后，中华大地很快迎来了第一位真正的霸主——齐桓公。

齐桓公姓姜名小白，说起他的争霸，堪称传奇。

小白还未成为国君之前，齐国的当家人是他的哥哥齐襄公。

齐襄公在中国历史上绝对算得上是一个“另类”和无耻的君主。在他还是世子时，就和同父异母的妹妹文姜乱搞，弄得后宫一片乌烟瘴气。后来，他的父亲齐僖公察觉后，就将文姜嫁给了鲁桓公。

公元前 694 年，已经嫁到鲁国十多年的文姜陪同丈夫到齐国访问，回到了阔别已久的故乡。

令人意想不到的是，十多年的时光不但没有减弱齐襄公和文姜的不伦之念，反而使他们迅速旧情复燃。根本不顾忌鲁桓公还在齐国，就私通在一起，并且成了公开的秘密。

既然是公开的秘密，鲁桓公肯定也知道。但毕竟是在人家的土地上，因此他虽然恼怒，也只好眼睁睁地看着这顶天大的绿帽子扣在自己头上。

不过，且不说鲁桓公是一国之君，他毕竟还是一个正常的男人，虽然不能撕破脸，但恶气还是要出的。因此他恶狠狠地对自己的老婆说：“你别以为我不知道你们兄妹俩的丑事儿，回去之后，有你好看的！”

做贼的有几个不心虚的？文姜心里害怕，一回头就把这事告诉了自己的哥哥。齐襄公心里一想：“看来这个妹夫不能留了。”于是趁给鲁桓公设宴送行之机，派人暗杀了他。

当时齐襄公还有两个弟弟，即二弟公子纠和三弟公子小白。这兄弟俩见大哥因为丑事，居然敢直接杀了诸侯，这在当时实在是一件惊世骇俗的大事。二人因此认为齐国一定会出乱子，于是就在各自的老师管仲和鲍叔牙的带领下，出国避难。公子纠逃到了鲁国，公子小白逃到了莒国。

这时的鲁国由于桓公被杀，已由其子公子同即位，是为庄公。庄公的母亲就是文姜，公子纠则是他的舅父。庄公是个极其孝顺的人。大概是爱屋及乌吧，齐国对他分明有杀父之仇，他还是以德报怨，对公子纠、管仲一行盛情款待，让他们居住在宽敞舒适的府邸里，供给着丰盛的食物。可以说，公子纠在这里过得逍遥自在，乐不思齐。

公子小白这边可就有点惨了。莒国位于今天的山东省东南部，是一个小国，远不如齐国、鲁国富足。再加上小白的母亲虽是莒国人，但并非生于达官显宦之家，因此莒国国君压根儿没有将小白和鲍叔牙等人放在眼里。小白算是寄人篱下，生活过得十分困窘。唯一的好处是，莒国离齐国的都城近，只要齐国有点风吹草动，小白就能迅速赶回去。

无论过得是好是坏，日子总会飘忽而逝。

一晃十多年过去了。由于齐襄公和自己的堂兄弟公孙无知产生了过节，被公孙无知联合一些反叛将领杀死。公孙无知成了新的国君。然而问题又来了，齐襄公是得罪了不少人，可公孙无知也不是没有仇家。没多久，公孙无知就死在了一个仇人的手中，齐国的国君再次出现了空白。

当时有资格继承齐国君位的，只有公子纠和公子小白两人。由于齐国大臣大多看好公子纠，因此他们先派出使臣到鲁国，商量护送公子纠回国继位之事。

可是这一商量的效率实在太低，居然从春天商量到了夏天，还没商量出个结果。导致出现这种局面的原因，很有可能是鲁国在和齐国谈条件，一个漫天要价，一个坐地还钱。

国不可一日无君。齐国的使臣等不了了，就派人给公子小白送信，说你哥一时半会儿回不来，你还是赶紧回来当国君吧。

一国之主谁不想当？公子小白按捺住心中的狂喜，征得莒国国君同意后，在莒国一支军队的护送下，启程回齐国。

不过公子小白倒也没有太着急，因为他所在的地方离齐国国都更近，他并不担心哥哥公子纠会抢先回到国都。加之天气太热，士兵们烦躁不安，非常疲倦，因此一行人只是按一般的速度前进。

此时，鲁庄公也听说了公子小白要回国继位的事。这下子他坐不住了，也顾不上再和齐国使臣谈判，立刻派精兵护送公子纠回齐国继位。

这个时候的形势已经很明朗了，两个公子谁先到齐都，谁就能当上齐国的君主。于是，一场马拉松赛跑开始了，跑第一的有糖吃，跑第二的则可能连命都保不住。

就在公子纠一行刚启程没几个时辰，先前派去莒国打探消息的细作就回来报告，说莒国已经派军队护送公子小白上路两日了。这下，公子纠的老师管仲坐不住了。

管仲，名夷吾，春秋时期法家代表人物，颍上（今安徽颍上）人。

据说管仲的祖先与周王室同宗，其父管庄是齐国的大夫，后来家道中落，到管仲时已经很贫困。为了谋生，管仲曾与好朋友鲍叔牙合伙做生意，到过许多地方，接触过各式各样的人，从而积累了丰富的社会经验。

在一次外出做生意的过程中，管仲和鲍叔牙不幸被“抓壮丁”，成了行伍之人。逃出后，二人辗转来到齐国都城临淄谋生，恰遇当时的齐国国君僖公在招贤纳士。俗话说：有真才实学，就不怕没人赏识。二人正是凭着自己的真本事做了太傅（太子的老师），管仲辅佐公子纠，鲍叔牙辅佐公子小白。

后来，虽然因为齐国形势的变化，管仲和鲍叔牙分别带领公子纠和公子小白逃往他国，但辅佐公子纠成为齐国国君，一直都是胸有大志、同时也雄才大略的管仲最大的目标。

因此，当他一听说公子小白和鲍叔牙等人已上路两日后，心急如焚，当即亲率一队士兵前去截杀。

管仲带上一支三十人的精干兵力，翻山越岭，抄小路提前来到公子小白和鲍叔牙的必经之处。他命令跟来的三十人在路旁深处安营扎寨，自己一个人在道边设了一个茶水摊作为掩护，以观察动静。

一夜无事。

第二天一早，天空飘着毛毛细雨。管仲远远地看到一行人急匆匆而来，知道是护送公子小白的莒国队伍。

管仲一看行军阵势，知道是自己的好友鲍叔牙指挥的。他沉着冷静，命令随同自己前来的三十人排成进攻队形，自己站在队伍前面。眼看莒国队伍与自己只相隔一箭之地时，他拍马上前，一边向鲍叔牙拱手致意，一边高叫道："多日不见，鲍子（对鲍叔牙的昵称）你还好吧？"

鲍叔牙也在战车上拱手施礼道："管兄别来无恙？"

管仲试探着说道："托兄洪福，我还过得去。在鲁地服侍公子纠数年，今日总算有了个结果。我现在送公子纠回临淄，不知鲍子带着兵车，是到哪里去？"

鲍叔牙何等人，当然明白管仲的意思。心想，好家伙，你来得比我还快！但他也不愿挑明，便含糊地回道："天降不幸，齐国大难，二位国君接连被杀。公子小白是回临淄料理君上丧事的。"说着，指指车上挂着的黑幡和素衣缟服的公子小白。

管仲"哦"了一声，心里却冷笑了一声：好你个鲍叔牙，你葫芦里卖的什么药，我还不清楚？便拿话将了鲍叔牙一军："我看公子小白脸上洋溢着喜庆之色，哪像料理丧事！再说，料理丧事为啥兵车戎马相从？鲍子一向为人忠厚，今日所言有些辜负你的人品吧？"

鲍叔牙正色道："管兄，我也正要问你，你同公子纠回临淄干什么？"

管仲道："实话实说吧，经齐国群臣朝议，派大夫宾须无到曲阜（鲁国国都）迎接公子纠回临淄继位。先君的丧事自然由公子纠料理，就无须公子小白费心了。贤弟可与公子小白再回莒国。否则，庄公的军队马上就到了，免得发生诸多不快。"

公子小白一听，心里有些打鼓。他想，公子纠回临淄继位是天经地义的事，处理先君丧事也是理所应当……想到这里，他扯了扯鲍叔牙的后衣襟，小声道："太傅，咱们……"

鲍叔牙轻轻拨开公子小白的手，朗声对管仲说道：“管兄，所谓大路朝天，各走一边。公子小白是先君的同胞兄弟，连奔丧的权利也没有吗？”

管仲心想，还是别废话了，干脆打开天窗说亮话吧，于是单刀直入地说道：“公子小白的阴谋我一眼就看穿了。他是想回临淄争夺君位，行不礼不义之举。这天理难容的事，鲍子你能做吗？”

鲍叔牙也毫不相让，义正词严地说道：“管兄才高八斗，高瞻远瞩，深通治国谋略，对人对物看得入木三分，你难道就分不出黑白优劣、贤能昏庸？齐国早已满目疮痍，伤痕累累。如果管兄还要给齐国送上一个平庸君主，岂不是雪上加霜？管兄你于心何忍？”

管仲听了，心中一动，鲍叔牙的话不是没有道理，公子纠论才德确实不如公子小白。可公子纠不当国君，他的相国梦就要破灭，于是鼓起三寸不烂之舌说道：“愚兄身为公子纠老师，这些年也尽了心、费了力，公子纠的变化相当大，德才兼备，堪负国任。再说，这朝纲伦常，长幼有序，公子纠登位，上通天理，下达民心。难道鲍子连这个道理也不懂吗？”

鲍叔牙仰天大笑：“管兄真是利嘴一张，死的都能被你说成活的。公子纠乃平庸之辈，这是全天下人都知道的事，管兄却说他德才兼备，被人笑掉大牙不说，管兄的作为难道不是在欺世盗名，撒弥天大谎？从前，你一直说凡事要以齐国大业为重，我看你还是与我携手辅佐公子小白，一起建功立业吧。”

管仲见鲍叔牙言辞坚定，便决定以情打动。他柔声说道：“鲍子，人臣各为其主。你我情同手足，今日兄高抬贵手，再让管仲一步，与公子小白回莒国去。以后的事尽管放心，我自会安排好的。”

一听管仲的话，鲍叔牙觉得自己受了侮辱，便厉声道：“管仲，你今日说这话,真让我看不起你！当日你我共同经商,一分红利,你得七成，我不以你为贪婪；好不容易当了兵，你却逃跑了几回，我不认为你懦弱；你打过几次仗，却都败了，我不以为你平庸。可今天你的做法，却让人很难不鄙视你私心太重。身为堂堂七尺男儿，不为齐国社稷着想，却满腹私利，为争官位，甘心推一个平庸之辈为君。管仲，你是打着仁义道德之名，行偏私利己之实！好吧，既然是各为其主，我也决不让步！”

鲍叔牙一席话说得管仲脸发烧、耳发热。他深知鲍叔牙的脾气，一旦决定了的事，九头牛也拉不回的。

怎么办？

管仲扫视一眼，见莒国的将士全都怒气冲冲，戒备森严，大有一触即发之势，而自己带来的三十人呢，大多脸现惶恐之色。他知道寡不敌众，便转身招呼自己的人后退。刚退到路旁的小树林边，他突然以迅雷不及掩耳之势，弯弓搭箭，猛一转身，对准公子小白，“嗖”的一箭射去。

这箭射得那叫一个准！只听小白大叫一声，口吐鲜血，一下子倒在车上。

鲍叔牙和随从们一见这情景，慌忙围上来抢救，许多人吓得都哭了起来。

管仲见状，急忙率领他的人马逃跑了。他一路跑一路得意，心想，公子小白已被射死，公子纠的君位已经十拿九稳了。他如释重负般再次抄小路回到护送公子纠的队伍中，和大家一起从从容容地继续向齐国进发。

然而管仲高兴得实在是太早了。原来公子小白并没有死。管仲那一箭，只射中了他的带钩。小白大惊之下，知道管仲箭法高明，怕他再射，急中生智，猛地咬破舌头，大叫一声，口吐鲜血，装死倒在车上。等管仲跑远了，他才睁开眼睛，松口气说：“好险啊！多亏老天助我，使我捡得一命。”

真的是靠老天爷帮助吗？当然不是！靠的其实是小白的演技。

鲍叔牙见小白凭着自己高超的演技捡得一条性命，心里自是高兴无比。但他知道还不是笑的时候，因为他担心管仲会再来，因此告诫小白不可麻痹轻敌，让他换上平民衣服，乘车从小路向齐国都城急驰。

而公子纠那边呢？当他听说小白被管仲射死后，心里美得就像开了花。他放话说："既然如此，咱就甭着急了，慢慢走吧。"公子纠一行放慢了速度。反正他常年流亡在外，正好趁这个时候，饱览山水秀色，加上打打猎什么的。当公子小白和鲍叔牙等人到达齐都的时候，公子纠和管仲还在半道上呢。

齐国大臣盼星星、盼月亮，盼望着有位公子能够回国继位，哪里还讲什么长幼有序。因此公子小白一入齐都，就成了名正言顺的齐国统治者。

从此，中国历史上多了一位大有作为的英明君主齐桓公。

君主的气度，决定了事业的高度

心胸有多大，天地就有多大。齐桓公应当是深谙此理的……

公子小白用诈死的手段当上齐国国君。成为齐桓公后，本来也没想把公子纠怎么样，毕竟血管里流着相同的血，他也不愿把自己的亲哥哥逼入死地。

但公子纠这边就不一样了，眼看就要到手的君位被自己的弟弟抢了，他自然是暴跳如雷。

管仲的心情更加郁闷："我明明是一箭射中了小白，看着他吐了血倒在车上才走的，这小子的命咋就这么大呢？"

郁闷过后，管仲更多的是不甘心。因此刚一回到鲁国，他就怂恿鲁庄公说，齐桓公刚继位，如果我们火速派大军前去偷袭齐都，一定可以成功。

鲁庄公这边也正为公子小白抢了自己支持的公子纠的君位生着气，想找机会教训一下齐国，不过他对管仲的建议却嗤之以鼻。他的看法是："我堂堂鲁国大军是正义之师，怎么能搞偷偷摸摸的袭击呢？这让礼仪之邦的鲁国将来还怎么出来混？"于是派大军正大光明地前去讨伐齐国。

得知鲁庄公亲率重兵来攻，齐桓公也不示弱，双方于公元前685年，在乾时展开了一场恶战。由于这里是齐国腹地，齐军准备更充分，而且以逸待劳，加之又有鲍叔牙坐镇指挥，或许还有一点运气，齐军将鲁军打得落荒而逃。鲁庄公差点儿成了俘虏，最后丢弃所乘战车，改乘轻车逃跑。

鲁庄公的人马还未退回鲁国国都曲阜，就已接到齐国使者快骑送来的齐桓公的一封亲笔信。信中措辞严厉，要求鲁国杀死公子纠，交出管仲，否则齐军将围攻鲁国！

看过舅舅小白这封信后，鲁庄公顿时像泄了气的皮球一样，蔫了。没办法，为了保住自己这一亩三分地，他只好委屈自己的另一个舅舅了。于是，公子纠只好含冤去世，死在自己的亲弟弟和亲外甥手里。

公子纠一死，鲁庄公就把管仲打入囚车，派人押送回齐国。

不过，刚送管仲上路没多久，鲁庄公就后悔了。他心想："管仲这家伙是个人才，我放他走了不是太便宜他和齐国了吗？我应该把他留在鲁国辅佐我。他要是不答应，我就弄死他。"

管仲是何许人也，早就猜到了鲁庄公会有这心思，因此他一路催促押送他的人，很快回到了齐国。

也许有人会说，管仲这不是犯傻吗？放着鲁国高官不当，却要回齐国当囚犯，难道他就不怕齐桓公杀了他，报一箭之仇吗？

其实，情商与智商一样高的管仲知道，有自己的铁哥们儿鲍叔牙在，自己绝对死不了（管仲和鲍叔牙之间深厚的友情，已成为中国代代流传的佳话，成语"管鲍之交"由此而来）。

果真，回到齐国后，鲍叔牙不但坚决不同意齐桓公处死管仲，反而还极力推荐管仲做齐国的相国。

这让齐桓公相当不明白，问鲍叔牙："这个人是我的仇人，是咱们的政敌，你不让我杀了他也就罢了，为什么还要推荐他呢？由你做相国不挺好的吗？"

鲍叔牙拈须一笑说："我不是不想做相国，只是管仲比我强太多了。"

不等桓公说话，鲍叔牙接着说道："第一，执政者要宽和为政，施惠于民，我做不到，管仲可以。第二，为政的核心是掌握大权而不使之旁落，我做不到，管仲可以。第三，政治要讲忠信，老百姓才能铁了心跟你走，这一点我也做不到，管仲可以。第四，治国的要务是明确法度，矫正风俗，统一民心，我还是做不到，管仲可以。第五，在战场上，要严肃军纪，使战士们勇猛如虎，我也做不到，但管仲还是可以。"

其实鲍叔牙也没有他说的那么不行，他之所以这么说，除了谦虚外，就是为了让齐桓公相信管仲比他强。

果然，他这么一讲，齐桓公略作考虑，也就答应了："既然先生如此推崇他，那就让他做齐国的相国吧。"齐桓公这个人眼光很长远，从来不在小事上斤斤计较。

不过，齐桓公毕竟是一国之君，虽说鲍叔牙竭力推荐，他还是想当面考问管仲一些问题，面试一下。他的心思是，如果你管仲确有真才实学，我就让你做相国；否则，那一箭之仇该报还是要报的。

很快，一场影响深远的面试开始了。

这天，早朝一开始，齐桓公便问管仲："爱卿认为现在国家可以安定下来吗？"

管仲通过这一阶段的接触，深知齐桓公的政治抱负，于是就直截了当地说："心有多大，舞台就有多大。如果君上决心称霸诸侯，国家就可以安定富强；如果您要安于现状，国家就不能安定富强。这取决于君上您的心有多大。"

齐桓公听后，说："我现在还不敢说我的心有多大，等将来见机行事吧。但无论如何，我都认为爱卿你一定会帮助寡人实现梦想。"

管仲觉得齐桓公言辞恳切，就进一步向他表示说："君上免臣死罪，这是我的万幸。臣能苟且偷生到今天，不为公子纠而死，就是为了国家富强。如果不是这样，那臣就是贪生怕死、一心只为升官发财的无耻之辈。"

齐桓公被管仲的肺腑之言所感动，他情真意切地对管仲说："从前的事就让它翻篇吧，今后请勿再提。寡人现在想和你探讨的是治国理政方面的大事。”

听了此话，管仲直了直身子道：“君上但说无妨。”

齐桓公也就开门见山地说：“现在我们齐国的形势非常不好。襄公在位这些年，就知道奢侈浪费，到处兴土木，还成天打猎玩乐，风气都被他带坏了。面对这样一个现实，你觉得应该怎么办呢？”

管仲说：“这个问题解决起来并不难，只要倡导礼义廉耻就可以了。以前齐国乱，就是因为大家不管礼义廉耻，国君都这样，那下边的人还有什么干不出来的？”

别小看管仲这几句话，其实他这几句话经常被后世提起，他这种思想也深深地影响了中国文化。“礼义廉耻，国之四维；四维不张，国乃灭亡。”如果人人都不讲礼义廉耻，这个国家也就快要完蛋了。

但是，说到这儿，管仲又话锋一转：“仓廪实而知礼节，衣食足而知荣辱。”这两句话更有名，意思是一个人吃得饱、穿得暖，才有工夫讲究礼节、知晓荣辱；否则，食不果腹、衣不蔽体，恐怕什么事都干得出来，哪里还管什么礼节、荣辱？

齐桓公一听，十分认同。他接着请教管仲说：“那么，爱卿认为怎样才能成就霸业呢？”

管仲说：“成就霸业也很简单，就是以天为贵。什么是天？不是头顶上那个，是以百姓为天。百姓跟着你、支持你，你就强；如果百姓背地里骂你、恨你，你就危险了。所以要称霸，要举大事，就必须抓根本。什么是根本？齐国百姓就是根本。”

管仲顿了顿，继续说道：“要做到以民为天，就要关注民间疾苦，要关心百姓，创立制度，保障他们的基本生活。”

由此可见，管仲口中的以民为天，是可以真正落在实处的，绝不是空口白话，糊弄百姓。

当然，管仲这种思想最终并没有在齐国深入执行下去。但是作为中国历史上第一个提出“以民为天”的政治家，光凭这一点，管仲就堪称名垂青史。

接下来，管仲立足齐国，放眼天下，大谈特谈自己在政治、经济、军事、外交、文化等诸多方面的独到见解，

一时之间，朝堂上惊叹、敬佩之声此起彼伏。

等到管仲演讲结束，殿内鸦雀无声。大家都陶醉了，等反应过来后，紧接着就爆发出雷鸣般的掌声。

齐桓公站起身郑重宣布道："我要将齐国托付给管仲，你们有意见吗？"

大臣们都没有意见——管仲是人才，谁都看得出来。再者说，国君如此喜欢管仲，跟国君对着干，不是作死吗？

于是，大家都同意了。

谁也没想到的是，管仲自己却不同意。

管仲说："我少时穷苦，也没多少钱。我要是当了齐国的相国，咱们国家可就太没面子了。而且'贫不能使富'，贫穷之人如何指使得动有钱人？我的工作还怎么开展下去？"

齐桓公一下就明白了，管仲这是在跟自己叫苦叫穷。于是，他马上下令道："从今天开始，寡人封管仲为齐国上卿，地位不仅在群臣之上，还在公室宗亲之上。齐国除了寡人外，都听管仲的。"随后，他给了管仲三处封邑。

等到齐桓公把上述待遇说出来后，管仲这才答应做相国。

当然，管仲之所以有这方面的要求，并不是因为他贪，或者待价而沽，而是因为在春秋时代，世卿世禄，一介布衣是无法进入高层的。高层都是世袭贵族，人家都不拿正眼瞧你。如果你以布衣的身份进来了，这些贵族嘴上不说，暗地里肯定会使绊子。

而齐桓公之所以给管仲开出如此高的待遇，可以说就是不遗余力地为管仲撑腰，加强任用他的合法性和合理性。

宣布管仲为相国后，齐桓公觉得就像心里一块石头落了地，浑身轻松了许多。他认为管仲是最理想的相国人选，因为他的那些话讲得太精辟了，只要把那些话付诸实施，用不了几年，相信齐国就会大变模样。

一想到这里，齐桓公高兴得都想蹦起来。他决定要好好搞一次拜相仪式，要搞得既隆重又热烈。他命鲍叔牙亲自督造拜相台，又与大臣们商定了拜相的吉日良辰。

还有三天就是拜相日了。齐桓公宣布，这三天不上朝，不出门，不近女子，不接见任何人，在寝宫用香料熏身，以便让自己变得洁净。

三天后，齐桓公举行了盛大的仪式，在拜相台正式拜管仲为相国，并加封和尊奉管仲为“仲父”。下令说：“从今往后，无论什么国家大事，先告诉仲父，再禀告寡人。凡大事，任由仲父裁决！”

“仲父”，即“亚父”。或许有人认为，在今天叫某人干爹，实在是一件平常的事。不过，翻遍中国史书，有几个国君会管自己亲爹之外的人而且还是自己的手下臣子叫“父”的？

齐桓公之气度，可见一斑。

当然，他得到的回报，也是很丰厚的……

要想成功，先练内功

有实力才有竞争力，称霸也是如此。为了提升齐国的综合实力，管仲殚精竭虑地为齐国解决着一个又一个难题……

成为齐国的二号人物后，管仲开始在齐国大展拳脚。

其实，就齐国的自身条件来说，是非常优越的。首先，它东靠大海，在没有海军的年代，自然在东面就没有了后顾之忧。南边的泰山山脉也是拱卫国土的天然屏障。别的国家想从这里攻打齐国，就得先掂量掂量自己的决心和毅力。

其次，齐国的经济条件特别好。特殊的地理条件，使齐国拥有一项垄断资源——盐。齐国的制盐业在春秋诸侯中数一数二，齐鲁大地因之自古就富裕，直到今天依然如此。

第三，齐国的政治条件也比较特殊。齐国的创立者是西周开国功臣姜子牙，打姜子牙的年代开始，齐国在东方诸侯中的地位就非同一般（相关内容详见拙著《奠基华夏的上古西周》）。之后的齐国历代国君，又通过和周王室的联姻，建立起与周天子家族特殊的血缘关系。

正是由于上述种种原因，长期以来，齐国都被看作东方诸侯的翘楚。如今齐国的国力之所以微弱，是因为国内比较混乱。齐襄公、公孙无知、公子纠、公子小白……这么多人争权夺利，耽误了好些年。

乱，是有根源的。

当时齐国的国家权力，表面上归国君，但按照宗法制的基础，国家权力是散落在各地的，掌握在宗室贵族的手中，国君的权力其实很有限。一旦有大事需要决断，并非国君一个人说了算，得先取得贵族们的支持，才能顺利落实。所以，虽然你做了国君，表面看起来很拉风，但其实不是那么回事，内政是很松散的。

还有，齐国当时的经济虽然繁荣，但实际的受益者主要是宗族贵戚，跟普通百姓没什么相关。在齐桓公之前，齐国的贵族们通过制盐、采矿等垄断行业，赚得盆满钵满，但朝廷却穷得几乎揭不开锅，以至于有时要通过削减官员、贵族的俸禄，来补贴国家开支。国库的空虚可见一斑。

军事上的问题就更严重了。齐国虽然人口众多，但可用于作战的部队和可征调的兵源却很匮乏。加上常年太平，部队缺少实战经验，连训练也偷工减料。齐军只要一打仗，低下的战斗力就会暴露无遗，连鲁国都搞不定。

管仲是个大政治家，他非常清楚齐国的毛病出在哪儿。手握大权后，他开始大刀阔斧地改革。

在经济上，管仲首先提出了“相地而衰征”的政策。

古时候，讲究“溥天之下，莫非王土”“同养公田，公事毕然后敢治私事”。实际上就是实行劳役税制，大家共同出力耕种公田。但到了春秋时期，由于生产工具的进步，掌握了铁质农具和牛耕技术，生产效率大大提高，集体劳动的必要性日渐减弱，以个体家庭为单位生产的积极性越来越高，私田面积逐渐增加，出现了“公田不治”，杂草丛生的现象。齐国的情况尤为严重，贵族侵吞国君的公田，掠夺农民的土地和国家的山川林泽的情况十分严重。有些失去土地的农民进入城市，从事工商业，这些情况导致了国家财政收入的锐减。农业生产凋敝，国家贫穷，人民生活非常困苦。针对这种情形，管仲提出实行“相地而衰征”的新税制。

所谓“相地而衰征”，意思是，观察土地的好坏及产量的多少，来制定征收地租的标准，即根据土地的优劣分等级征收不同的赋税。由于这种征税的办法比较合理，使农民的负担相对平均，因而能够起到安定农业人口的作用。

“相地而衰征”的过程大约分为三个步骤：

首先是相地，又称“相壤”“正地”。也就是测量，就是说土地无论宽狭、大小，都要测量和分出等级，将土地分成上等田地、中等田地和下等田地三等。山川林泽不能生产粮食的，依据它是否能生产树木，或者是否能捕捞鱼虾，从百亩折合一亩粮地到五亩折合一亩粮地不等。旱地八尺见水的，减征十分之一。地势越高，减征越多。至四十尺见水的，减征一半。涝洼地五尺见水的，减征十分之一。地势越洼，减征越多。一尺见水的洼地与水泽等同。各种土地的分类，都是折合成耕地面积，还依照自然地理状况，划分为渎田、丘陵、山地三类，并按地势、山泉及谷、木、草的出产分为二十五种地，又把上土、中土、下土各分为三十种。

其次是“均地分力”。“均地”是把公田分给各个农户去耕种，具体办法就是把公田和农民的私田一起拿出来平均分配。“分力”是指打破公田、私田的界限后，实行授田制下（一般是每户一百亩）一家一户小农经济的分散经营。这是继取消公田、私田划分办法以后出现的一种新的土地关系。这使得齐国的田制发生了很大变化，即由有公田变为无公田。与之相应，公田时代的劳役地租也为非公田时代的实物地租所代替。“相地而衰征”的新税收制度也只有在这种情况下才能够真正实行。

实行“均地分力”后，农民耕种自己的份地，其劳动的勤勉程度直接影响收获的多寡，因此，生产的积极性被大大激发。于是，“民乃知时曰之早晏，日月之不足，饥寒之至于身也。是故夜寝早起，父子兄弟不忘其功，为而不倦，民不惮劳苦。”生产与切身利益联系起来了，当然就激发了生产的积极性，生产效率必然提高；生产产量增加，人民生活改善，国家收入也增多起来。可见，管仲提出“相地而衰征”的土地税收政策，使赋税负担趋于合理，提高了人民的生产积极性。

第三是“与之分货”。就是说，农民应知道自己应得的部分和土地所有者的征收部分，二者共同分配土地上的生产物，即实行地租分成制。实行地租分成制后，分租比例固定，多产多得，耕者就会为增加产量而尽力，就会起早贪黑，不辞劳苦。

由于农户分到的土地有好有坏，其收成也有多有少，因此为了使农民的负担平均一些，不同土地的纳税额也应有所不同，这自然就产生了“相地而衰征”的税收原则。

除此之外，为了提高农民的积极性，管仲又提出统治者要无夺民时，取民有度。管仲指出粮食生产有固定的时节，农民劳作也会有疲倦的时候，但是国君的欲望没有限度。正因为生产有限，而贪欲无厌，所以才会出现臣弑君、子弑父的情况。如果做到取民有度，即使是小国也可以安定，反之即使是大国也是很危险的。

管仲这一改革对后世影响极大。《吕氏春秋》一书对这一改革措施作了这样的评价：“公作则迟，有所匿其力也；分地则速，无所匿其力也。”所以，这一改革是有重大历史意义的。

解决了农业问题后，齐桓公又向管仲提出了新的问题：“士兵训练好了，财力不足，又怎么办呢？”

管仲回答说：“要开发山林，开发盐业、铁业，发展渔业，以此增加财源。发展商业，取天下物产，互相交易，从中收税。这样财力自然就增多了，军队的开支不就可以解决了吗？”

管仲的看法是颇有见地的。周王朝是以农业部落起家，因此传统上是重农抑商。但是，作为一个富有远见的政治家，管仲看到了要想使国家强大，不仅要积极改革农业，而且也不能抑制商业的发展。他认为要达到富民以求治的目的，片面单纯发展农业生产是不行的。因此，在经济改革当中，他实行“本末并重”的方针。所谓“本”，是指农业，历来被统治者所重视；“末”是指工商业，从来都被轻视。管仲独具慧眼，看到发展工商业是强国富民的主要途径之一。

对于工商业的发展，齐桓公曾和管仲有过讨论。桓公说：“寡人想征收房产税，你看怎么样？”

管仲说：“那会阻碍百姓建房的积极性。”

桓公说：“那对树木征税呢？”

管仲说：“那会影响树木的生长和木材资源。”

桓公又说：“那就征收六畜税吧？”

管仲说：“将影响六畜的繁殖，不利于农副业发展。”

桓公再问：“那征收人头税总该行了吧？”

管仲回答：“会影响人口生育。”

齐桓公见一个个办法都被否定了，便用开玩笑的语气说：“这也不行，那也不行，咱们别说使国家富强了，恐怕寡人都要喝西北风了？”

管仲也笑着回应说：“君上不必担忧，办法自然有，那就是‘管山海’。”

所谓“管山海”，“山”指的是开山冶铁，“海”指的是煮海盐，管仲的意思是由国家实行盐铁专营。

管仲的指导思想是要做到“民不加赋而国用饶”。为了说明“管山海”如何能达到这一目的，管仲给齐桓公举了两个例子。

先说煮海盐，管仲说：“每个人都要吃盐，十口之家就有十个人吃盐，百口之家就有一百个人要吃盐。一般情况下，一个月，成年男子吃盐将近五升半，成年女子吃盐将近三升半，小孩吃盐将近二升半。一百升盐就是一釜，如果每升盐加半钱，一釜就是五十钱。每升加一钱，每釜就是一百钱。每升加两钱，一釜就是二百钱。每钟就是二千钱，十钟就是二万钱，百钟就是二十万钱，千钟就是二百万钱。按照这个办法，一个万乘的大国，人数大概有千万，一天卖出一千钟盐，国家就可以收入二百万，十天就收入二千万，一个月就是六千万。如果我们征收人头税的话，一个万乘之国，可以缴纳赋税的不过百万人而已。如果每月每人可以缴纳三十钱，一国也仅是三千万钱。而我没有向国家的人民征税，却拥有两个万乘大国的税收。假如您向国民征税，自然会引起人们的反对。但是采用这个盐专营的政策，不仅可以得到比征税多数倍的收入，而且人们又都无法避免，这就是理财之道。”

对于开山冶铁，管仲也有自己的见解。他说：“一个女子必须有一根针和一把剪刀，这样才能缝制衣服。耕种的农民必然要有一个犁和一个锄头，这样才能种地。木匠必然要有一把锯、一个锥子和一个凿子才能干活。天下的人想要做成事情，就必须使用这些工具。如果在每根针上加一钱，那么三十根针就相当于一个人的赋税。一把刀加六钱，五把刀就是一个人的赋税。每个犁头加十钱，三个犁头就等同于一个人的赋税。其余的都可按着这个标准类推。只要人们劳动，无形中就缴纳了这种费用。”

管仲的一席话，有事实，有数据，有分析，有类比，说得齐桓公除了点头还是点头。“管山海”的政策得以在齐国顺利实施。

在齐桓公即位的最初近二十年里，齐国很少征收关市之税，就算收，一般也只是象征性地收取五十分之一。用粮食来缴纳赋税，两年才收一次。遇到收成好的年份收取十分之三的税，中等收成的年份税率为十分之二，收成不好的年份只收十分之一，万一遇上荒年就不向农民征收赋税。

上述薄赋政策，就算是在今天看来，在某些方面也仍然具有现实意义。

此外，管仲还通过其他措施，大力发展工商业。

一是鼓励经商。这在以农为本的传统中是很难得的。管仲认为，“无市则民乏”，发展商品经济才能使人民富裕。所以他鼓励经商，放手让百姓将各种农副产品“鬻之四方”，还实行渔盐出口不征税的政策，来刺激商业的发展。为了使商业繁荣而又不乱，管仲实行了国家统一管理的办法，规定货币由国家铸造发行，物价由国家统一制定，使物价随货币的多少而上下，保持市场稳定和繁荣。

二是给予各诸侯国商人优惠政策。这话今天听起来有些耳熟，实际上早在两千多年前，管仲就已经在实践了。当时，齐国虽然盐和铁极为丰富，但其他商品如皮、骨、筋、角、竹箭、羽毛、象牙、皮革等都很匮乏。一次，齐桓公询问管仲，有什么办法能够得到这些商品？

管仲回答道："齐国没有这些东西，那就只有通过交易，多方收购，别无他法。"

"收购？"齐桓公有些不解，"如何收购？商人不来，总不能将他们拉到齐国来吧？"

管仲信心十足地说："君上放心，臣自有办法！"

齐桓公惊喜地问："爱卿有何办法？说来听听！"

"制定优惠政策，招徕外商。"管胸有成竹地说，"商人走南闯北，贩买贩卖，买贱鬻贵，为的是赚钱。只要我们制定优惠政策，公之于天下，让各地商人都知道，齐国的经济环境好，到齐国来经商能赚钱，赚大钱。他们一定会趋之若鹜，不请自来。"

齐桓公非常赞同管仲的意见，鼓励他放手去干。只要对齐国有利，想怎么干就怎么干，他一定支持。

于是，管仲制定了一揽子招商引资的优惠政策，将之张榜公布。其大致内容为：其一，加强边关的管理，为了防止官吏滥征关税，管仲严肃郑重地通告各处关卡：空车往来的不要索取关税，徒步背负商品到市场上进行买卖的小商贩不要征税，以此吸引远方的商旅来齐国做生意；其二，对盐和铁这两种商品实行稽查制度，不征税，其他一般商品还是要收税的，但为了鼓励出口，税很低；其三，为了进一步吸引各地的商人到齐国经商，除了采取低关税政策外，还在生活给养上给以优惠。

据《管子》一书记载，齐桓公曾问管仲怎样才能招揽商人，管仲建议说："请您下令为各诸侯国来的商人修建客舍。对来一乘车（古代四马一车为一乘）的商人免费供给伙食；对来三乘车的商人再加供给马的饲料；对来五乘车的商人除了享有上述优待外，还派给服侍人员。”当时齐国每三十里设置一个驿站，驿站中储有食物，以招待各诸侯国来的使节和商人。

正是由于齐国采取了种种优惠政策招徕商人，所以各地商人纷至沓来。《管子》称当时“天下之商贾归齐若流水”。

三是提高农产品价格，解决农工商收益不平衡的矛盾。当时，面朝黄土背朝天的农民，无论如何辛勤劳作，收入也是无法与工商业相比的。这就出现了收益不平衡的矛盾，影响农业的稳定发展。

齐桓公和管仲都看到了这个问题的严重性，决定解决它。齐桓公的办法，是压低、限制富商大贾的收益而让利于农民。然而管仲不赞同，他的办法，是“请重粟之价，釜三百”。也就是提高粮食等农产品价格到每釜三百钱。管仲认为，粮食每釜提高价格至三百钱，则荒地可以广为开垦，农民也努力耕种了。这就是通过提高粮食价格促进农业生产发展和增加农民收入的措施。

管仲又告诉齐桓公说，应命令上卿、大夫和商人们都按不同的比例存米存粮，既可以作为国家粮食贮备，也可以帮助农民生产。因为储藏粮食要先收购粮食，而以合适的价格将农民耕种的粮食收购起来，就会使得农民有种粮食的积极性。要求这些人必须藏粮，粮食的需求就扩大了，粮食价格自然也就上涨了。

管仲认为，这样一来，粮食值钱了，农民积极性就大了起来，耕地面积就会扩大。这一政策使农民的收入增加，解决了务农与经营工商业之间经济地位不平等的问题，在保证工商业发展的同时不致对农业造成不良影响。

四是强调社会分工，培养专业化人才。为使农工商各业都能稳定发展，管仲把社会成员按职业划分成士、农、工、商四类，并规定住在各自的居住区，“勿使杂处”，要求给不同的职业创造方便条件。同时，规定“工之子恒为工”“农之子恒为农”，从小就在专业化环境里进行专业学习，既有利于收到显著的学习效果，早出人才，又可以避免见异思迁，保持专业思想的稳定。当时这对于各项事业的进步是有一定积极作用的。

总之，管仲通过一系列富有成效的经济改革，收到了“通货积财、富国强兵”的效果，齐国一跃成为经济大国。

应当说，在管仲的改革措施中，有很多都触及了齐国传统贵族的利益。按理说，肯定会有人反对，但管仲的改革却异常顺利。虽然有人骂，但却没有人敢公开跳出来跟他叫板。这是为什么呢?

原来，为了对付反对者们，管仲在全面进行经济改革前，先实施了军事上的改革。如果不掌握军队，想要建立对经济的绝对控制，简直是不可能的。贵族们手里既有钱又有兵，闹起来就不好收场了。

管仲采取的办法是实行兵农合一的政策。规定每五家为一轨，每轨设一轨长。十轨为一里，每里设有司。四里为一连，每连设一连长。十连为一乡，每乡设一乡良人，主管乡的军令。战时组成军队，每户出一人，一轨五人，五人为一伍，由轨长带领。一里五十人，五十人为一小戍，由里有司带领。一连二百人，二百人为一卒，由连长带领。一乡两千人，两千人为一旅，由乡良人带领。五乡一万人，立一元帅。一万人为一军，齐国共有三军，这就是三万多人。按照当时的人口条件，三万已经是一个非常巨大的数字了。周天子也只拥有三万五千人的直属武装。这三军由齐桓公直接领导，他就掌握国家的军事指挥权。如此一来，贵族们就很难再对国君构成威胁了。

而且，兵农合一还有一个好处是，把保甲制和军队组织紧密结合在一起。每年春秋以狩猎来训练军队，于是提高了军队的战斗力。同时又规定全国百姓不准随意迁徙。人们之间要团结居住，做到夜间作战，只要听到声音就辨别出是敌是友；白天作战，只要看见容貌，大家就能认识。这是一种社会与军事相结合的战斗体制，亦为后来大规模作战做好了准备。

管仲的改革从来不是跛脚走路。作为一代杰出政治家，他深知政治改革与经济改革同等重要，也清醒地认识到，没有政治改革的推进，经济改革就失去了保障，也不可能取得长久的成功。

因此，在进行经济改革的同时，管仲还进行了政治改革。正是政治改革的成功，对齐国后来的称霸产生了关键的作用。

在旧制度中，齐国最大的弊端是政令无法从国君贯彻到平民，“政令不出王宫”，致使国家行政效率低下。为了消除这一弊端，管仲对国家的行政体系进行了重新整合。他将全国划分为六个工商乡和十五个士乡，共二十一个乡。十五个士乡是齐国的主要兵源，齐桓公自己管理五个乡，上卿国氏和高氏各管五个乡。

管仲还把国政分为三个部门，制定三官制度。官吏有三宰，工业立三族，商业立三乡，川泽业立三虞，山林业立三衡。郊外三十家为一邑，每邑设一司官。十邑为一卒，每卒设一卒师。十卒为一乡，每乡设一乡师。三乡为一县，每县设一县师。十县为一属，每属设大夫。全国共有五属，设五大夫。每年年初，由五属大夫向齐桓公直接汇报属内情况，由齐桓公督察其功过。也就是说，他们直接对齐桓公负责。这样一来，中央集权的制度就在齐国建立起来了。

就这样，管仲通过采取一系列政治、经济、军事措施，使齐国一跃成为春秋时期举足轻重的大国，成就霸业已指日可待。

软硬兼施成霸主

逐渐强大起来的齐国，不失时机地在诸侯面前展示了自己的力量，并逐渐成为一代盟主……

在齐桓公和管仲君臣二人的共同努力下，几年过后，齐国出现了民富国强、社会安定的繁荣局面。连周天子都起了巴结的心思，主动把自己的一个女儿嫁与齐桓公为妻。

虽然当时的周天子已不被多少人当回事了，但他毕竟还是天下共主，能和他攀上亲戚，最起码可以抬高一下自己的身价。

但是，要想让齐国成为天下霸主，光靠娶周天子的女儿显然是不够的，还得开几次诸侯大会，解决一些纠纷，这样才能真正树立威信，得到诸侯们的拥护。

恰好当时宋国发生了内乱，连国君带贵族死了一大片。齐桓公认为这是天赐良机，于是广发英雄帖，召集各路诸侯开会，以稳定宋国政局。

然而齐桓公却犯了一个错误。因为按照当时的规矩，像这样的大型诸侯盟会，应当由周天子亲自主持。齐桓公这么干，等于是僭越了。因此，响应齐桓公来参加盟会的诸侯并不多，并且都是一些实力羸弱的小诸侯。

齐桓公很生气，但会还是得开，他只得强压怒火，先行在高坛上执牛耳，与众国君歃血为盟。

古代诸侯举行盟会，订立盟约，要每人尝一点儿牲血，主持盟会的人亲手割牛耳取血，并饮或以血涂抹在嘴唇，以示诚意，所以后来人们用“执牛耳”来指做盟主。执牛耳也由此成为一个常用成语。

可见，谁执牛耳，谁自然就是盟主。但是，成为盟主的齐桓公心里却一点都不痛快。刚刚好不容易在动荡中即位的宋桓公就更郁闷了，为什么呢？因为他认为自己被齐桓公耍了。

周朝的诸侯共分为五等爵位：公、侯、伯、子、男。可别小看这些爵号，它们在中国世代相袭，直到清朝灭亡才停用。

当时，宋桓公是公爵，而齐桓公是低一等的侯爵。按道理，执牛耳的盟主应该是宋桓公，但齐桓公却大摇大摆地做了盟主，宋桓公的心里能舒服吗？

何况卫国、郑国和鲁国这些诸侯都没有来，根本就不给齐桓公面子。宋桓公却傻乎乎地来了，分明就是自降身份，因此他越想越觉得不是滋味，于是没等大会开完，就先撤了，连个招呼都没打。

宋桓公这一跑，让齐桓公颜面尽失。他看着剩下的几个小国国君，再也没有了之前的意气风发，只好将这次的诸侯盟会草草收场。

齐桓公一生曾“九合诸侯”，也就是举行了九次重要的诸侯盟会，这算是第一回。虽然会开得虎头蛇尾虚有其表，但毕竟是周朝有史以来第一次由诸侯主持的会盟活动。它代表着共主政治的结束，以及霸主政治的开始。

盟会结束后，觉得颜面尽失的齐桓公决心把面子找回来，于是想攻打宋国，报复他们的半道跑路。但管仲不同意。

管仲的理由是，之所以召开诸侯盟会，原本就是为了终结宋国的乱局。如果会一散，咱们就挥军攻打宋国，不是自己抽自己脸吗？因此不如修理一下压根儿没来的鲁国，这样效果可能更好些。

齐桓公觉得管仲的话有道理，便在不久后率军攻灭了鲁国的附庸国遂国。表面上的理由是遂国国君敬酒不吃吃罚酒，没有响应号召参加盟会，但实际上是杀鸡儆猴，给鲁国一个下马威。

鲁庄公也不是从小被吓大的，好歹也见过大世面，因此他不但没有被齐国吓住，反而还派先前曾经打败过齐国军队的大将曹刿，带兵攻打驻扎在遂国的齐军，为遂君复国。

然而此时的齐国在管仲的治理下，实力已经今非昔比，曹刿率领的鲁军连战连败，不但损兵折将，还丢失了大片土地。

鲁庄公怕再打下去会遭到灭国之祸，只得乖乖认输，给齐桓公写信，请求两国会盟。

齐桓公高兴极了，为了显示自己的大国风度，决定原谅鲁国。公元前 681 年，齐鲁两国在柯地会盟。齐桓公登上高台，执牛耳与鲁庄公歃血为盟，订立和约。

意外的情况发生了。就在齐桓公与鲁庄公双手紧握，为刚才顺利订立和约致意时，鲁庄公身旁的大将曹刿突然拔出暗藏在袖子里的短剑，纵身而起，直指齐桓公。

两个卫士飞身上前，曹刿连看都不看，电光石火之间，两个人连哼都来不及哼一声，就已身死高坛。而齐桓公的脖子上，已架起了一把冰冷的剑。

其余卫士全都傻眼了，谁也不敢动。曹刿声若洪钟，大吼道："谁要过来，我就跟齐国国君同归于尽！"

齐桓公心里也很慌，但他还是强作镇定。他知道这姓曹的不会真对自己动手，因为高台之上都是齐军，只要自己稍有不测，鲁庄公和曹刿就会被剁翻。

曹刿的要求也不高。他对齐桓公说："你们齐国太过分了，不但欺负人，还占领我们这么多土地。我也不要你们赔银、赔金、赔命，就把占我们的土地还给我们，这事就算过去了，咱们两国还是平等交往。"

齐桓公不愧是一代明君，关键时刻很有主见。当然，更多的是他明白"识时务者为俊杰"的道理。因此，他大手一挥，表示答应曹刿的所有要求。

鲁国君臣见齐桓公这么大度，连国土都还了，也不好再说什么。加之曹刿毕竟是以下犯上，挟持对方国君，怎么着也得让人家面子上过得去吧。于是在要求得到满足后，曹刿放了齐桓公，鲁国向齐国赔礼道歉。

这个消息传出后，宋国国君急得嘴角都起了泡。他心想，这齐国把强大的鲁国都摆平了，接下来一定会找我的麻烦。于是赶紧派人带上厚礼，去齐国认错。齐桓公也就顺水推舟，原谅了宋国。

卫国、曹国、莒国、纪国的国君见齐桓公接连摆平了鲁、宋两个大国，一点也不敢怠慢，立刻派使者到齐都临淄，要求与齐国订盟，尊桓公为盟主。这样一来，齐桓公凭借着大国的胸怀，第一次确立了自己的霸主地位。

公元前 664 年，齐国北面的燕国遭到山戎的进犯。眼瞅着燕国国都不保，齐桓公二话不说，出兵相救。经过一年的战争，强大的齐军一路追杀到草原，把山戎彻底歼灭。

齐国此次对燕国的援救，对齐国成就霸业有着重要的作用。此后，北方的燕国和原本归附它的那些小国，齐刷刷地倒向了齐国。

从此，齐国的号召力扩展到了北方。晋国、燕国，以及中原的各小诸侯国，无不向齐桓公俯首。

应当说，这时候的齐桓公已经是名副其实的霸主了，但齐桓公仍不满足。因为他认为，围在他屁股后边转的，都是一些中小诸侯国，含金量不是很足，有一个大国就不怎么把齐国的霸业放在眼里。

这个国家叫楚国。

于是，齐桓公决定找机会和楚国过过招。

楚国地处长江中游，据有江淮流域，是春秋战国时代各诸侯国中地盘最大的，而且楚国自然条件也很好，地广人多，资源丰富。

正当齐桓公在北方指点江山时，楚国开始崛起了。当时楚国的国君是楚成王。成王的相国对楚国进行了一场改革，使楚国的国力迅速强大。

强大起来的楚国有一个特别大的爱好，就是喜欢占地盘。眼见南边的小国都被收拾得差不多了，楚国就把目光投向了北边。他们相中的第一个目标是地处中原的郑国。

这个时候的郑国早已沦为一个二三流的国家，在楚国的两次军事打击下，哪里还顶得住！不过郑国也没有因此就立即投降，因为它还有大腿可抱。

郑国打算抱的大腿就是齐国，因为两国是盟国。

说来也巧，此时的齐桓公正怨恨着楚国呢。

原来，就在前不久，齐桓公从蔡国娶来的一位叫蔡姬的老婆，因要小姐脾气惹怒了齐桓公，被赶回了娘家。齐桓公的本意当然不是要休了她，而是希望她回去后好好反省。结果蔡国人没弄清原委，一看姑奶奶被人赶回来了，就给她又说了一门亲事，把她给嫁走了。

齐桓公一看着急了，怎么说蔡姬还是他老婆吧，他还没同意呢，就被娘家人给改嫁了，这不等于是在打他的脸吗？换谁谁都受不了，何况还是一国之君。

这时候，有人告诉齐桓公说，知道小小的蔡国为什么胆子这么大吗？是因为它的背后站着楚国！

齐桓公“哼”了一声，心想，你楚国倒是有几分实力，但我也不怕你。不过我也不先收拾你，你不正欺负我的盟国郑国吗？那我正好借蔡姬之事，讨伐你的邻国兼友国蔡国。

齐桓公说干就干，迅即于公元前 656 年初，和鲁、宋等八个诸侯国组成联军，南下讨伐蔡国。

弱小的蔡国一看齐国领导的联军打过来了，早就吓破了胆，根本没抵抗就投降了。

搞定蔡国后，联军的矛头顺势一指，带着胜利的余威就打到了楚国边境。

面对大军压境，由于楚军尚未集结完成，楚成王决定采取拖延战术，就先后派了两个使臣前去与齐桓公谈判，但一直没谈拢。

过了一段时间，楚国大军集结完毕，做好了战斗的准备。但楚成王可能心里还是没底，就又派了一个使臣前去齐营谈判。

齐桓公特意安排了一次盛大的主要由战车组成的阅兵式，让楚国使臣和随行人员观看。这种安排当然不是礼节需要，而完全是一种显摆和示威。

阅兵中，齐桓公问，这样的军队应该是攻无不克、战无不胜了吧？

没想到楚国使臣却不吃这一套。他不卑不亢地说道："君上您若是以德服人，谁敢不服？但您若是想以武力压人，我们楚国也不是吃素的！我们那儿水网密布，您这些战车还真发挥不了多大作用。"

齐桓公并不是糊涂蛋，他已在心里掂量清楚了，两军如果真是硬碰硬，自己还真没有必胜的把握。于是，在这种平衡下，双方都选择了妥协，签约和解，达成召陵之盟，然后各自撤回。

从历史的角度看，召陵之盟是一个非常重要的节点。这次军事行动虽然未能给楚军以重创，但有效地遏制了楚国的进一步扩张。楚国正是通过这次行动，看到了继续北进前途渺茫，暂时偃旗息鼓停止了计划。

通过召陵之盟，齐桓公在诸侯中的声誉又上了一个台阶。

到了公元前 651 年，齐桓公又召集诸侯在葵丘会盟。这次大会来的诸侯很多，让齐桓公很满意。

此时周惠王已死，周襄王上台。襄王因为是齐桓公给他撑腰才继承了王位，所以特别感激齐桓公，专门派了一位大夫代表自己参加会盟。

在这次大会上，周大夫代表周王向齐桓公赏赐胙肉（古代祭祀的时候，祭祀完成后，天子会将用于祭祀的肉，切开发给亲近的大臣，这种肉就叫胙肉，属于厚礼）。按照原先的规定，齐桓公要从高台上下来接受赏赐，这种礼节是必需的。

但这时候的齐桓公年事已高，正当他要下台时，周大夫说道：“天子还有一条旨意，说您年纪大了，可以不下台了。另外还要再给您多加一个爵位。”诸侯再加一个爵位，那就跟周王的级别差不多了。

周王突然间给了自己这么一个荣耀，齐桓公有点不知所措，于是他问管仲该怎么办。

管仲说：“天下大乱的原因是什么？就是因为君不君、臣不臣。”齐桓公马上明白了——该下拜还得下拜，不然“尊王”的口号就玩儿不转了。

于是他走下台来，规规矩矩地行礼，同时说道：“天子威严，国家体统，时时刻刻在寡人心中。假如寡人这次不下来，大模大样地接受赏赐，会让天子蒙羞。”

齐桓公这话一说，其他诸侯都彻底心服口服了。

葵丘会盟后，大家达成协议，主要内容有以下几条：

第一条，“诛不孝，无易树子，无以妾为妻。”就是不要废长立幼，也不要宠爱小老婆。

第二条，“尊贤育才，以彰有德。”就是要尊重和培育有能力和有品德的人。

第三条，“敬老慈幼，无忘宾旅。”就是要尊敬老人、爱护儿童。这是中华民族的传统美德。

第四条，“士无世官，官事无摄，取士必得，无专杀大夫。”就是要给底下的臣子相应的待遇和尊重，不能无缘无故地杀臣子。

葵丘会盟，可以说是齐国霸业的巅峰之作，齐桓公的称霸目的就此已基本达到。

第三章

『仁义』霸主的荒唐事

“让”出来的国君

为了成为至高无上的一国之君，有多少人用尽手段，冷酷无情。然而，凡事也有例外的……

葵丘会盟后六年，也就是公元前645年，管仲去世。两年后，齐桓公也跟随管仲奔赴黄泉。

管仲和齐桓公一死，齐国的霸主地位很快就成了明日黄花，春秋又迎来了一个新的霸主。由于人们对春秋五霸的人选至今存有争议，因此对这位齐桓公之后的霸主也一直存有争议，但根据《史记》的记载，人们通常认为是宋襄公。

宋国人是商人的直系后裔。周武王伐纣，商朝覆亡后，按照分封制的礼法，国家虽然覆亡，胜利者仍然不能让以前的贵族宗祀灭绝，因此周武王仍然封商纣王的儿子武庚于殷，以奉其宗祀。武王死后，武庚叛乱，被周公平叛杀死。周公遵循“兴灭继绝”的传统，另封纣王的庶兄微子启于商朝故地商丘，国号宋。这就是宋国的来历。

宋国地处今天的河南东部，属于中原腹地，表面上看起来很富庶，但实际上却夹在几个大国之间。而且四面平原，无险可守，因此在国防方面很吃亏。

当然，周王室对宋这个殷商后裔还是很关照的，虽然防范之心从没少过，但面子上的工作还是做得不错，给宋国国君封了个公爵，跟鲁国持平。

正因为宋国国君爵位高贵，因此在和平年代里，其他诸侯国对宋国都比较尊敬。宋国国君也由此生出了一种优越感。

周平王东迁之后，在郑庄公执政时期，宋国还短暂地跟郑国争过霸。郑庄公死后，宋国还乘机派兵攻占了郑国一些土地。后来，随着春秋首霸齐桓公的闪亮登场，宋国国君鉴于形势发展，收起了争霸的念头，跟齐国结了盟。

公元前651年，时任宋国国君桓公去世，其子兹甫继位，即宋襄公。

宋襄公虽然是宋桓公的次子，但他是宋桓公的正室所生，因此是嫡长子。说起他的继位，还颇有一番周折。

宋襄公的父亲原名叫御说，桓公则是他的谥号。我们知道，在中国古代，君主死后都会得到一个谥号。谥号含有褒贬之意，最高的褒扬就是文、武，接下来还有成、桓、昭、穆、景、明等，也是褒义；厉、幽都是贬义；殇、滑、哀、悼等谥号，表示同情且兼有不同程度的贬义。

宋襄公的父亲死后能得到跟齐桓公相同的谥号，说明他还是很有些能耐的。而且，最令人称道的是，宋桓公把家庭搞得很和睦，一家人其乐融融。因此，宋襄公的童年生活很幸福，他的父亲、母亲、兄弟姐妹对他都很好。宋襄公有个哥哥叫目夷，尽管目夷是庶出的，但兄弟俩的关系却相当好。

宋桓公病重时，按照当时的嫡长子继承制，宋襄公本应被立为太子，成为储君。然而宋襄公却在父亲面前恳求说："目夷年龄比我大，而且忠信仁义，请立目夷为储君吧。"

于是宋桓公把目夷叫来，询问他的意思。没想到目夷也是一个有道德的人，坚决不肯接受太子之位。他说："弟弟能够把国家让给我，这不是最大的仁吗？我再仁，也赶不上弟弟啊！况且废嫡立庶，也不合制度啊。"为了躲避弟弟的让贤，目夷干脆还离家出走了。

让人没料到的是，目夷走后，宋襄公不但没有顺理成章地接受太子之位，反而简单收拾了一些细软，自个儿也跑了。兄弟俩这一出谦让和睦的好戏，真是让其他诸侯羡慕得要死。

当时齐桓公的五个儿子为了争位，都恨不得把另外四个亲兄弟往死里整，对此齐桓公和管仲都很头疼。齐桓公还不止一次地仰天长叹说："同样是公子，我齐国的公子和人家宋国的公子相比，差距咋就那么大呢？"

看到两个儿子互相谦让，宋桓公特别高兴，又多活了好几个月。到了第二年春，宋桓公自知劫数难逃了，只得派人到外面召回宋襄公。他还怕自己这个儿子不愿回来，特意让人传话说："你小子要是再不回来，老爹我可就真要死不瞑目了。"宋襄公这才回到了宋国。

从这件事上，我们不难看出宋襄公当时有了仁爱的名声。当然也有人认为，宋襄公此举就是一场"政治秀"，是做给他爹和天下人看的，不过是为博取声名罢了。但从宋襄公此后的所作所为来看，这种说法很难站住脚。

宋桓公死后，宋襄公即位为君。随后，他派人劝回了庶兄目夷，并让他做了相国，主管军政大权，辅佐自己处理朝政。兄弟俩齐心协力，使宋国很快出现了新气象。

有心无能力

为了称王称霸，宋襄公也是蛮拼的，可惜有心无能力……

宋襄公是一个有远大抱负的热血青年，但无论在任何时代，理想都要服从现实，否则就是空想。

宋襄公即位后，天下的形势谁都明白，齐桓公是不折不扣的霸主，跟着他混就有糖吃，反着干就得挨揍。聪明如宋襄公，当然知道怎么站队。

公元前 651 年，老爹刚死，新即位没几天的宋襄公，穿着丧服就去参加了齐桓公主持的葵丘会盟。此后，但凡是齐桓公召开的会，不管大会小会，也无论宋襄公有多忙，他都一会不落，而且尽量早到晚走。

宋襄公如此唯齐桓公马首是瞻，着实让宋国捞了不少好处。不过，宋襄公不是一个一辈子甘居人后的君主。在他的心里，一直有一个远大的理想——取齐桓公而代之，称霸天下。

宋襄公之所以敢这么想，除了说明他是一个积极追求上进的青年外，还说明当时的宋国有一定的实力。

而且相比齐桓公，宋襄公还有一大天然优势——这也是他经常用以自我安慰的：“别看你齐桓公现在这么厉害，可是我比你年轻。别的我比不过你，但你肯定会死在我前面。等你一死，我就有机会了。”

宋襄公的愿望很快成了现实。不久，齐桓公果然去世了。不过，宋襄公心里清楚，此时的宋国根本不可能立马称霸。因为瘦死的骆驼比马大，齐国的实力仍然远超宋国。只要齐国内部不出现大问题，要想威胁到齐国的霸主地位，堪比登天还难。

不知是否真是“吉人自有天相”，宋襄公朝思暮想的事居然很快又发生了，齐国还真就发生了内乱。

原来，齐桓公虽然英明神武，但他在教育后代的问题上，却一塌糊涂。待他一死，他的五个儿子都想即位，便分别在齐桓公生前三个宠臣的支持下，为夺取君位打得死去活来。

看到齐桓公死后诸公子争位、毫无章法的乱象，宋襄公想起齐桓公曾对他说过：“将来有一天我要不在了，你得帮我让公子昭继位。”

于是在公元前 642 年，宋襄公联合曹、卫、邾等国，以武力护送流亡宋国的公子昭回国即位。齐军虽进行了一番抵抗，但没有了齐桓公的齐军，战斗力已大不如前，很快败北。

公子昭顺利即位，是为齐孝公。

平定齐国君位之乱后，宋襄公的野心迅速膨胀起来。效仿偶像，建立像齐桓公那样的霸业成为宋襄公为自己树立的目标。他觉得宋国具有这样的条件。

首先，这次扶植齐孝公即位，宋国能召集起一些诸侯，说明宋国在诸侯中有一定的威信；其次，能打败齐军，尽管是打群架，但毕竟是以宋军为主，也说明宋军还是具备了强大的实力。

宋襄公觉得，该接过齐桓公的枪，称霸诸侯了。于是，他开始以新霸主的名义号令中原诸侯。

宋襄公想得真美！

滕国的国君第一个跳出来对他的号令表示不服。

宋襄公也不客气，立刻出兵将滕国国君抓了起来。

公元前641年，宋襄公正式召集曹、邾、鄫等国国君到曹国的国都会盟。鄫国的国君迟到了。宋襄公认为这是宋国借机扬威的机会，就把鄫国国君抓来祭神。堂堂的鄫国一国之君竟然被宋国作为祭品，投入了河水之中。

恐吓有效果吗？

有。滕国的国君一看鄫国的国君被投入河里喂了鱼，担心自己成为他黄泉路上的伙伴，慌忙向宋襄公服软。

宋襄公很高兴，认为自己已经建立了霸主权威。

会盟是在曹国举行的，但曹国作为会议的举办地，却并没有尽到地主之谊，在会议提供的筵席里没有羊肉。

酷爱吃羊肉的宋襄公很生气，认为曹国无礼，发兵包围了曹国的国都。

曹国也只好认错，宋襄公的自我感觉更加良好，但他很快就遭遇了当头棒喝。

公元前641年的冬天，在陈国的倡导下，陈、鲁、蔡、郑、楚等国国君在齐国开会，纪念齐桓公。会议的规模远远超过了宋国发起的曹国会盟。与会诸侯表面上怀念齐桓公的好，实质上就是在骂宋襄公的不好。

在这次大会上，楚国的参与格外引人注目。齐桓公本是楚成王的死对头，遏制了楚国向北扩张的势头。那么楚国为什么还要来为齐桓公唱赞歌呢？

除了对齐桓公的霸业表示怀念，表达对强者的尊重外，楚国与会最主要还是想借机插手中原事务。这是一个重要的信号，可惜几乎所有诸侯都没有对此进行深思。

其实宋襄公有过深思。但他深思的是，为什么诸侯没有邀请我参加呢？为什么这次参加的诸侯要远远多于曹国会盟呢？最后他得出两个结论：第一是宋国的霸业还没有得到巩固，还有国家对宋国不服；第二是宋国的国力还不够强大，难以号召那么多的诸侯聚拢在周边。

想来想去，宋襄公决定与楚国合作，希望能借着楚国的力量去制服其他国家。但他的庶兄目夷表示反对。

目夷的理由是，宋国是个小国家，一缺人，二缺钱，争着去当盟主没什么好结果。

但是已经飘飘然的宋襄公哪里肯听这样的忠告，他邀请楚成王和齐孝公在宋国开会，商议会合诸侯订立盟约的事。楚成王、齐孝公表示同意。

看到两个大国同意自己的建议，宋襄公高兴得晚上睡觉时都笑醒过来，于是决定于公元前639年秋，约各国诸侯在宋国盂地这个地方开大会。

目夷又站出来劝他，要提防楚成王和齐孝公合伙搞阴谋诡计。

宋襄公不听。

到了约定的日子，宋襄公穿戴一新，乐呵呵地前往盂地。目夷再次站出来说："君上您可不能就这样空手去啊！咱们为了以防万一，还是带点部队过去吧。万一打起来，也好应付。"

宋襄公摆摆手说："咱们不是为了打仗才去开会的，不带！"

目夷见劝说无效，只好空着手跟着去。

果然，在开大会的时候，楚成王和宋襄公都想当盟主，当场争了起来。楚国仗着人多势力大，占了上风。宋襄公本来想以理服人、以德服人，但楚国一点都不跟他废话，随行的一帮楚国人上前就把宋襄公逮了起来。

后来，在鲁国和齐国的调解下，加之楚成王也觉得关着宋襄公没啥用，才把他放归。

可惜，宋襄公是撞了南墙也不回头，一点都不知道吸取教训。

傻傻讲"仁义"，白白丢了命

在大多数时候，讲仁义都是值得提倡的，但像宋襄公那样是犯傻……

被楚国羞辱一番后，宋襄公仍然还沉浸在梦中。他认为自己做得并没有错，被抓不过是因为楚国使用了奸诈手段而已。

盂地的会议结束后，归国的各路诸侯纷纷变脸，不承认楚成王的盟主地位。因为楚成王干的事实在不怎么地道。

宋襄公一看有机会，就想报仇雪恨。但他知道楚国太强大，自己暂时惹不起，但楚国的小盟国还是可以打一打的。于是，宋襄公就把矛头对准了郑国。

公元前638年，宋襄公召集卫、许、滕三国的军队联合攻打郑国。郑国国君文公听说宋师大举来攻，立即向楚国求救。楚成王迅速起兵伐宋救郑。宋襄公得知楚国大军攻向宋国，才感到事态十分严重，担心国内有失，只好急忙从郑国撤军回国。

这时，楚军还在从陈国境内向宋国进发的途中。宋襄公为了阻击楚军，在泓水以北驻扎下来，等待楚军的到来。

不久，宋、楚两国的军队在泓水展开了决战。宋军先在泓水对岸排好了阵列。战斗开始后，楚军呐喊着强渡泓水，向宋军冲杀过来。

宋将公孙子鱼看到楚军还没有完全渡过，就劝宋襄公说：“敌人的军队比我们的人数多，我们应该趁他们只有一半人在岸上的时候打他们一个措手不及。”

宋襄公却说：“我军是仁义之师，怎么能在敌军还没渡完河的时候就攻击他们呢？”宋襄公让人做了一面大旗，绣上了“仁义”两个字，他要用“仁义”来战胜楚国的刀枪。

等到楚军过了河但还没有排好阵列的时候，公孙子鱼又说：“我们应该在他们还没有做好准备的时候予以迎头痛击。”

宋襄公又说：“那怎么行，还是等他们列阵完毕再进攻吧。”

等到楚军布好阵，以排山倒海之势向宋军杀来，宋军士兵被楚军的威风和气势吓破了胆，没等短兵相接，就一个个掉头逃跑。楚军乘势追击，宋军丢盔弃甲，一溃千里。宋襄公被敌人的箭射中了大腿。幸亏宋国几员大将奋力冲杀，才把他救出来。

等宋襄公逃出来时，宋军早已溃散，兵车、粮草都被楚军抢走了，那面仁义大旗，也早就不见了踪影。

纵是到了这个地步，宋襄公还是不认为自己有错。回到国内后，大臣们就埋怨他，说不应该跟楚国打仗，要打也不能像他这样打。

宋襄公依然嘴硬，说："我都给你们说了好多遍了，打仗就应该行仁义。比如，看到对方头发花白的士兵，就不要抓了；看到对方的士兵受伤了，就不要再伤害他了……"

还没等宋襄公说完，目夷就打断了他的话，冷冷地说道："打仗不就是为了打败敌人吗？您觉得像您这样讲'仁义'有意义吗？他们不一样冲着你射箭吗？"

听了哥哥的话，宋襄公才开始有些觉悟起来，可惜已经来不及了。就在这场战败一年后，愤恨交加的宋襄公离开了人世。

其实在泓水之战后，楚国之所以没有乘胜追击灭亡宋国，是多亏了目夷的从中斡旋。公子目夷走访了齐、秦两个国家，请他们出面干涉。在两大国的干涉下，楚成王也做出高姿态撤军。也正因为如此，楚国知道了此时中原诸侯还是铁板一块，很难轻易北进。所以，在此后的一些时间里，楚国把主要的精力用于对付南边的百越，以积累实力。

不过，傻讲仁义的宋襄公，在临死之前总算英明了一把。他对即将即位的太子说，宋国现在的局势很不妙，秦国、齐国都靠不住，楚国肯定有一天会再次北上，宋国到那时候将再次面临危险。如果是这样的话，到时候能够帮助我们的，只有晋国公子重耳。他将来一定会成为霸主，也一定会成为宋国的保护者。

在之后的晋楚城濮之战中，最后的战局证明了宋襄公的正确。假如大多数时间他都能保持这样的睿智，他和他的宋国也不会落到这般田地。

宋襄公所坚持的是西周的旧道德，可是他生活的年代，是一个礼崩乐坏的时期。大家都不按照套路出牌，那么按照套路出牌的宋襄公，也就只能吃亏了。

第四章

大器晚成铸伟业

一个十足的"制乱"高手

若要说起中国历史上善于制造动乱的"高手"，骊姬肯定是其中之一……

骊姬，春秋时期骊戎部落首领的女儿，晋献公的宠妃，中国古代"四大宠姬"之一。

公元前672年，晋国国君献公出兵攻打骊戎，灭了骊戎之君，将他的女儿骊姬作为俘虏带回国内。

骊姬是一个极为美丽的女子，晋献公不顾一切地想把她立为夫人，但他的大臣们都不同意。晋献公便决定通过占卜来决定。占卜的人先用龟甲来占卜，结果不吉利；又用蓍草来占卜，结果吉利。晋献公说："那就照吉利的办吧。"

占卜的人说："龟卜非常灵验，而且卜兆上说：'专宠过分会生变乱，会夺去您的所爱。就如香草和臭草放在一起，过了十年还会有臭味。'一定不能这么做。"

晋献公不听占卜者的话，坚持把骊姬立为夫人，连她随嫁的妹妹少姬也被立为次妃。

也许是天将降乱于晋国。那骊姬姐妹生得无比娇艳，令献公大开眼界。从此，献公将国家大事抛在一边，恣意和骊姬姐妹玩乐，晋国的大臣们为此非常恐慌。他们怀疑骊姬便是卜兆中所说的将给晋国带来祸乱的妇人。

晋国的大臣们的担心不是没道理的。事情明摆着：灭了人家部落，杀了人家父母，又霸占人家姐妹俩，却又要她们心甘情愿做晋国的仆从，于情于理都站不住啊。

不知是本性使然，还是故意而为，骊姬姐妹将特有的妖冶妩媚发挥得淋漓尽致。骊姬诡诈多智，善于在献公面前献媚，入宫未久即为献公所独爱，宠爱只在一身。其妹因为陪侍在侧，也有幸沾得余润。不久。骊姬生下一子，取名奚齐；少姬也生一子，取名卓子。

“母以子贵”是封建社会的一条铁律。只有把儿子扶上太子宝座，才能继续享有尊贵荣耀的身份，也才能达到更进一步的目的。对这一点，骊姬姐妹心知肚明。于是，二人合计要把奚齐立为太子。

骊姬很清楚，要达到拥立儿子的目的，就必须为儿子清除障碍，必须除掉献公最有才华的三个儿子：申生、重耳和夷吾。

晋献公有个宠爱的伶人小施和骊姬有私，骊姬找到他帮忙。就这样，骊姬姐妹外加一个伶人，精心设计、合作演出了一台连轴转的阴谋大戏。

第一步是买通朝中重臣梁五和东关五，使他们进言献公：“曲沃这个地方，是晋国祖庙所在，最好派太子申生去镇守；蒲城和南北屈是边防要塞，最好派公子重耳、夷吾分别防守。”献公中计，果然调走三人。如此一来，奚齐亲近献公的机会就多了很多。

第二步是离间献公与太子申生的感情，使献公产生废黜太子的想法。史书记载说，一日骊姬劝晋献公召回太子。太子见过父亲后去拜见骊姬。骊姬请太子吃饭，言谈甚欢。第二天，太子入宫谢恩，骊姬又请他吃饭。当晚骊姬却向晋献公哭诉，说太子调戏他，说了“我父亲现在已经老了，你不如随我”这样的话。

见献公不是很相信的样子，骊姬又说：“我可以和太子一起出外游玩，您从高处看我们，您一定看得到。”

献公说：“好。”

第二天，骊姬叫上太子和她一起出游。骊姬先在头发上涂了蜂蜜，使蜜蜂都聚集在她的头发旁边。然后，她对太子说：“太子您可不可以帮我赶走它们呢？”

太子不知有诈，忙站在她的身后用袖子赶走蜜蜂。晋献公看见了，以为调戏的事情是真的。他心中非常生气，马上就想把太子给杀了。

骊姬见时机还不成熟，就假惺惺地跪下来恳求："我叫太子回来，他却被杀，是我害了他。而且宫里的这些事，外人并不知道，就忍忍吧。"

晋献公就把太子赶回了曲沃，但是下令人暗中收集太子的罪行，伺机废掉他。

眼见晋献公疏远申生，想另立奚齐为太子。朝中重臣因此分化：荀息一派主张唯君命是从；丕郑一派反对曲从君命；里克一派表示中立，静观事态变化。

第三步是谮杀太子。公元前656年，骊姬谎称自己梦到了申生的亡母齐姜，要申生去宗庙祭母。祭祀后申生按周礼向献公归福。所谓"归福"就是将祭品与死者的亲人分享。献公在外打猎，骊姬就把申生带来的祭品在宫中放了六天。

献公打猎回来，骊姬在酒肉中下了毒，献给献公。按照礼仪，晋献公需要先洒酒祭地，结果酒一洒到地上，地上的土凸起成堆。

献公大惊，遂拿肉给狗吃，狗被毒死；给宫中小臣吃，小臣也死了。骊姬见状，哭着说："是太子想谋害您。"

献公大怒，欲抓太子，太子只好逃到了曲沃。

有人对太子说："您要申辩！国君一定会辩明是非！"

太子说："君上如果没有了骊姬，会睡不安，吃不饱。我一申辩，骊姬必定会有罪。君上老了，我又不能使他快乐，那我申辩还有什么用呢？"

那人说："这里也不安全，您想出走避祸吗？"

太子说："君上还没有明察骊姬的罪过，我带着杀父的罪名出走，谁会接纳我呢？"于是在曲沃上吊自尽。

第四步是诋毁重耳和夷吾。一天，重耳和夷吾因事被晋献公召回。骊姬使人进言于献公，说重耳和夷吾知道太子在食物中投毒却不禀报。

重耳和夷吾听说后，惊恐之中不敢辞别父亲就逃回了封地。献公大怒，当即派兵讨伐。于是重耳奔往翟国，夷吾奔往梁国。

骊姬见时机已经成熟，就又吹了一些"枕边风"，终于使献公立了奚齐为太子。

至此，骊姬的阴谋在很大程度上已经成功。

不过，宫廷之乱从来就是个连环套，一旦卷入，很难说会有长久的赢家。

公元前651年，献公染疾而亡，晋国的内乱开始白热化。先是里克会同丕郑于献公丧宅里杀死太子奚齐，继而里克又于朝堂上杀死公子卓子，并诛杀伶人一族。

骊姬尽管诡计多端，却未曾给自己留下脱身之计。眼见里克等人率兵拥入宫门，自知在劫难逃，遂奔入后园，从桥上投水而死。里克恨她作恶多端，令将其鞭尸，随后从梁国迎夷吾回国，继承君位，是为晋惠公。

不久，恩将仇报的夷吾杀了里克，丕郑也不能幸免。由于夷吾治国无术，晋国日渐衰弱下去。

一路悲歌流亡路

重耳之所以日后能成为春秋五霸之一的晋文公，是因为他找到一条最实际的生存法则：适者生存……

当年重耳逃到翟国时，跟随他的，还有一帮文臣武将。这帮文臣武将中的一些人和重耳的母亲一样，原先都是翟国人。

因此，翟国虽然只是个小国，但毕竟和重耳有一层亲缘关系，也就答应他在这里暂时居住了下来。

没想到重耳这一住就是十二年，他还在这里结婚生子，过起了平常人家的日子。此时的重耳已经五十多岁了，人生似乎也失去了追求。看着整天在自己面前蹦蹦跳跳的儿子，他觉得今生也没什么遗憾了。

虽然重耳已经没有了远大追求，但却有人不愿放过他。这个人就是他那个做了晋国国君的兄弟晋惠公。

晋惠公是因为前面那几位兄弟都死了，才当上国君的，所以他的潜意识里始终认为，只要有兄弟存在，就是个威胁。因此，当他得知重耳流亡在翟国后，立刻向翟国施加压力，想让重耳消失在这个世界上。

小小的翟国哪敢违抗晋国的命令。眼看重耳就要性命不保，幸好他平时人缘不错，有人向他悄悄通风报信：“你的好兄弟要你的项上人头，我们国君已经答应了，你还是赶快逃吧！”

重耳虽然已经到了知天命的年纪，但他还是很敏捷的，立即收拾东西，带着自己的手下逃离了翟国。

出逃后的重耳直奔齐国而去，因为当时齐桓公还在世，所以肯定不会受晋惠公的胁迫。不过翟国跟齐国并不接壤，中间还隔着一个卫国，而卫国国君慑于晋惠公的威胁，死活不让重耳一行通过。重耳等人只得历尽艰辛，绕了好大个圈，才逃到齐国。

此时的齐桓公已经到了晚年，但他还是很好客，毕竟是天下诸侯的霸主，因此二话不说就接纳了重耳一行人。不仅接纳，还要给重耳官做，重耳想了想拒绝了。

齐桓公看他拒绝，又赏赐了二十辆马车给他。因为离开翟国时，重耳并没有带走家眷，因此齐桓公把宗室的女儿齐姜嫁给了他。当初申生的娘也叫齐姜，都是齐国嫁出去的姜氏女子。

在齐国，有地有房还有漂亮妻室，重耳又开始过起甜蜜的小日子来。

不久后，齐桓公死了，他的几个儿子争夺君位，将齐国变得一团糟。

重耳手下的人都认为齐国不是久留之地，应该离开。但重耳舍不得，他很享受在齐国的一切。

眼见重耳不肯走，他手下两个谋士狐偃和赵衰急坏了，因为二人是有志之士，希望能回晋国干一番事业。于是二人经常聚在一起商量让重耳离开的办法。

一天，狐偃和赵衰又躲在一棵桑树下商量，没曾想桑树上面有人——齐姜的丫鬟在桑树上采桑呢。

丫鬟听那帮人居然想把姑爷搞走，那小姐不就被抛下了吗？这怎么行！于是，她很快把这件事告诉了齐姜。

“哦，我知道了。”齐姜淡淡地说。

“夫人，你是不是没听清楚啊？我说他们在商量要把姑爷弄走呢！”丫鬟继续说。

“我听到了，你靠近一点，我有话跟你说。”

丫鬟以为齐姜有什么重要的事情要吩咐她去做，便靠了过来。随着“啊”的一声，丫鬟倒在了地上。她至死也没想明白，为什么自己会被杀。

齐姜干吗要这么做呢？原来，她早就知道重耳其实是有远大志向的，只是在齐国生活得太安逸，“乐不思晋”而已。她认为，男人就应该做称霸诸侯的霸主，不能像现在这样沉湎于温柔乡。她害怕丫鬟把这件事捅出去，因此狠心杀了她。齐姜可谓狠辣，丫鬟真是无辜！

然后她把一切都告诉了重耳，并且叫他快走。

令齐姜没想到的是，重耳无论如何都不愿意走。

“唉！”齐姜叹了一口气，她知道自己必须要采取非常措施了。

当天晚上，齐姜把重耳灌了个酩酊大醉。接着，她让狐偃和赵衰他们把重耳抬上了马车，连夜离开齐国。等重耳酒醒以后，大家已经到达了曹国境内。

重耳虽然心里一万个不愿意，但已没办法，只能和大家一起继续赶路。

可惜，在曹国重耳不但没有受到礼遇，反而还被羞辱了一顿，一行人只得赶紧跑路。

接下去到了宋国，当时宋襄公在位。宋襄公虽然是个厚道人，但他刚刚在中原争霸中失败，自己又受了伤，根本无力帮助重耳。重耳在宋国待了一段时间后，觉得没什么意思。于是他们一行人又离开了宋国，来到了郑国。

过了郑国就是晋国了，大家心里都很高兴，开始有说有笑起来。然而郑国根本就不待见重耳，拒绝他们过境。没办法，重耳只好率领大家来到楚国。

楚国国君成王很好客，把他们当作贵宾热情招待。重耳也成了楚成王的好哥们儿，两人关系不错，常常在一起喝酒聊天。

有一天，楚成王忽然问重耳：“我对你这么好，假如你哪天回到晋国当了国君，准备怎么报答我？”

“这还不简单吗？”重耳高声说道，“我们晋国一定和楚国世世代代友好下去。如果有一天万不得已，要跟你们兵戎相见，那我一定退避三舍，以报大王您今日的恩情。”

楚成王听完哈哈大笑起来，但坐在底下的楚国大臣们却不高兴了。他们悄悄凑到成王耳边说：“重耳这家伙心术不正，这还没当上国君呢，就说要跟咱们打仗。他将来一定是个忘恩负义的小人，不如咱们现在把他干掉算了。”

楚成王摇摇头说：“重耳素有贤名，我怎能因一句话就杀了他呢？而且他这么说，最起码证明他是实诚人。”

重耳因此又逃过了一劫。

翻盘的机会来了

“黄河尚有澄清日，岂可人无得运时。”重耳终于迎来了翻盘的机会……

就在重耳客居楚国时，晋国发生了一件大事。

原来，晋惠公早年间曾经和秦国打了一仗，但很不幸，晋国不但战败，晋惠公还做了俘虏。后来虽经多方营救，晋惠公被放了回来，但他也得割地赔款，并让自己的太子到秦国做人质。

这位晋国太子在秦国做人质时，秦国国君穆公对他相当不错。除了天天好酒好菜招待着，还给他娶了个秦国老婆。

没想到的是，晋惠公于公元前637年秋一去世，晋国太子连招呼也没跟秦穆公打一声，就直接跑回晋国，接班成了晋怀公。

更让秦穆公愤怒的是，晋怀公一上台，居然和秦国断绝了来往。秦穆公当然咽不下这口气，便派人四处打听公子重耳的下落，准备扶植他登位。

楚成王知道这件事后，就借机将重耳送入了秦国，也算是帮他一把。当然，楚成王也想做一个长线投资，把宝押在重耳身上。

秦穆公一见重耳，不禁大喜过望，当即派兵护送他回到晋国，赶走了晋怀公。

就这样，阔别祖国十九年的重耳又回到了家乡，并登上君位，成为晋文公。这时的他已经六十几岁，由一个满头黑发的壮汉子，变成了两鬓如霜的老汉。

晋文公即位后，他知道国家要发展，得有一个安定的周边环境，于是他修复了与秦国的友好关系。由于晋国与秦国几代联姻，所以今天有一个成语叫作“秦晋之好”。

然后，晋文公开始整顿内政。

首先是重用人才。晋文公胸怀宽广，用人方面唯才是举，不拘一格。

当初，一位名叫郤芮的人想要谋害晋文公，结果失败。多年以后，晋文公派遣大臣出使他国，胥臣走到冀地时天色已晚，就在那里住了一宿。

第二天，胥臣准备离开时，在路边的田地里发现了一对夫妇。只见那位农夫看上去气宇轩昂，像是栋梁之材，而那位妇女看上去也不像是一般人。

胥臣被他们吸引，便主动上前询问。这才知道，原来这位农夫是郤芮的儿子，名叫郤缺，那位农妇是他的妻子。

胥臣觉得郤缺是个人才，便带着他回去，推荐给晋文公。

晋文公听说这人的来历后，问胥臣：“我看郤缺的确是个人才，但他的父亲当年刺杀过我，还被我依法处置，现在让他做官，你觉得信得过吗？”

胥臣说：“人非圣贤，孰能无过，再说当初刺杀您的是他的父亲，和他没有关系。”

晋文公觉得有道理，便把郤缺留了下来，让他担任下军大夫。后来，郤缺用自己的实际行动证明了晋文公的选择是正确的。

接着，晋文公实行“通商宽农”“赏功劳”等政策，任用赵衰、狐偃等人，发展农业、手工业，使晋国迅速出现了“政平民阜，财用不匮”的局面。

晋文公还改革军制，取消了居住在乡村僻野的人不能服兵役的限制。这样，晋国无论城里、乡里的人都有权服兵役，扩大了国家的兵源，使军队的数量激增。

经过短短几年的整顿，晋军成了诸侯国中战斗力最强的国家。晋国政平民富，形势一片大好，称霸的想法在晋文公的心里熊熊燃烧起来。

承诺兑现，然后刀兵相见

君子重诺，然而履行完承诺呢？晋文公的做法是：那我就不客气了……

就在晋文公把国家治理得井井有条的时候，一件偶然事件的发生，加速了晋文公成就霸业的过程。

当时，由于周王室内部发生了祸乱，即位不久的周襄王派人通告齐、宋、陈、卫等国，要求他们出兵勤王。可各国诸侯这时都无心参与王室的纷争，只是派出使者对天子进行慰问，没有一个发兵的。

就在周襄王几乎要绝望的时候，有人对他说：“当今天下，中原各国中以秦国和晋国最强，两国都想成为霸主。也只有他们有能力会合大小诸侯，扶助天子。大王为何不试试呢？”

于是周襄王派出了两个使者，一个去见秦穆公，一个去见晋文公。

晋文公和秦穆公见到使者后果然立即率兵南下。

当晋文公的大军接近周都洛邑时，秦国的兵马也已经到了黄河。晋文公就派人去见秦穆公，说："天子已经在敝国的保护之下，就不劳贵国费心了。"

秦穆公明白晋文公是怕自己与他争功，为了避免冲突，就主动回师了。

晋文公得知秦穆公撤兵，便率军继续挺进，很快平息了周王室的内乱。周襄王为感谢与拉拢晋文公，便赏给他四个郡邑，这让晋国的疆域又扩大了。从此，晋文公更加踌躇满志。

在晋国国力蒸蒸日上的同时，南方的楚国在齐桓公死后，积极实施北进战略，势力发展迅速。特别是宋襄公泓水战败后，楚人更是肆无忌惮。

楚国的扩张无疑与正准备雄霸中原的晋国发生了冲突。当时，除了齐国以外，宋、鲁、曹、卫等国都先后与楚国订立盟约，但随着晋国的日益强大，这些摇摆不定的诸侯国出现了倒向晋国的苗头。晋楚两国的矛盾不断升级，一场大战即将拉开帷幕。

公元前633年，因宋国背弃了与楚国的盟约，转投晋国，楚成王恼羞成怒，亲率楚、郑、陈、蔡、许等国联军大举攻宋，将宋都商丘团团包围。

危急时刻，宋成公一面派人去晋国求救，一面坚守待援。

此时，论实力，楚国疆域辽阔，实力雄厚，要比晋国强大。但作为中原霸主，宋国有难又必须去救。晋文公一时决断不下。

关键时刻，足智多谋的狐偃提出了进攻楚国的盟国曹、卫，以解宋围的策略。晋文公采纳了狐偃的建议。

公元前632年，晋军顺利打下曹国和卫国，把两国国君都俘虏了。

此时，楚国仍然围困宋国的国都。楚成王本来就不想与晋国交战，一听说晋文公还亲自率军出战，就下令退兵。但楚国的领兵大将成得臣不服气，觉得晋文公有什么好怕的，一定要跟他比画比画。成得臣还派人去通知晋军：立即把曹、卫两国的国君放回来，否则有你们好看的！

晋文公觉得这是个机会，就悄悄对曹、卫两国国君说："我可以让你们复国重新做君主，但你们必须跟楚国断绝一切往来。”

曹、卫两国的国君本就是墙头草，风吹两边倒。他们立马信誓旦旦地对晋文公说：“只要您能恢复我们的君位，我俩肯定都听您的。”

成得臣得知曹、卫两国与晋国串通一气后，气得直跺脚，说这分明是重耳这老小子在捣鬼。他立刻调动全军，向晋军逼近。

晋文公看到楚国大军开过来了，立即命令大军向后退。

晋军将士都很纳闷，这仗还没开打，干吗就开跑了呢？

晋文公耐心跟将士们解释说：“当年我流亡时，楚成王曾经帮助过我。我也答应过他，若日后晋、楚两国交战，晋国要退避三舍。”于是晋军一口气后撤了九十里，到了城濮才停下来，严阵以待。

晋文公“退避三舍”，一方面是对楚成王表示谢意，不忘旧恩；另一方面也是用这种示弱引发楚军的骄傲情绪，激发晋军的士气，从而坚定晋军打败楚军的信心。

眼见晋军后撤，楚军还以为他们被自己吓怕了呢，立刻尾随来到城濮，摆好阵势。

春秋时期著名的城濮大战，就这样拉开了序幕。

战争刚一打响，成得臣就指挥大军直向晋军扑过去。晋军稍稍抵抗了一会儿，就掉转车头往后退，还显示出十分慌乱的样子。

成得臣看这架势，以为晋军不堪一击，便率领楚军紧追不放。谁知却在半路中了埋伏。楚军死伤无数。成得臣在几员大将的拼死保护下，才得以突出重围。

晋文公一看楚军大败，念及楚国当年对自己有恩，就下令穷寇勿追，鸣金收兵。

成得臣打了败仗后，感觉无颜再见楚成王，就自杀了。

城濮一战晋军大胜的消息传到周都洛邑后，周襄王很高兴，认为晋文公立了大功，应该奖赏，就为他建造了一座新宫，并且约请各路诸侯，聚集起来订立盟约。

在盟会上，周襄王和大家一起讨论了一下谁做盟主的问题。大家一致推举晋文公。就这样，晋文公成为春秋五霸之一。

城濮之战，成就了晋国的霸业，也暂时阻挡了楚人北进的脚步。不过，楚国虽然战败，但实力犹存。晋国虽然奠定了霸业，但却没有乘胜追击。自此，南北对峙的局面开始形成，并延续了整个春秋时代。

不靠谱的“秦晋之好”

今人常用“秦晋之好”形容两家联姻。然而婚姻可能生变，秦晋两国又岂能永远好下去……

晋文公成为新盟主后，由于他的影响力越来越大，就连一向归附楚国的陈、蔡、郑三国也赶来巴结他。但郑国既害怕晋国，又不愿意得罪楚国，因此它脚踏两只船，两边都讨好。

这件事情被晋文公发现以后，很是生气。加之从前自己落难时，郑国对自己很不礼貌，因此晋文公打算再一次会合诸侯征伐郑国。

有大臣建议说：“咱们本国兵马已足够对付郑国了，何必再去麻烦人家呢？”

晋文公想想有道理，就打消了这个主意。但秦国之前跟晋国有约定，有事就一起出兵。晋文公怕秦国多心，就派人去约请秦国。

秦国听到这个消息后，很是豪爽地答应了。因为秦穆公正想向东扩张势力，就亲自带着兵马来到郑国，和晋军一起，围困了郑国国都。两国军队把声势搞得十分浩大，吓得郑国国君没了主意。

幸亏郑国手下有一个大臣口才十分了得，能把死的说成活的，活的说成死的。郑国国君就派这个人去劝秦穆公，希望秦穆公能够退兵。这个人就是历史上有名的说客烛之武。

烛之武趁着月黑风高以一根长绳缒下城墙，直奔秦营，在营门口放声大哭。秦穆公得知后，便让手下人把烛之武叫了进来，问道：“你到我们军营来哭什么呢？”

烛之武说：“老臣这是既哭郑也哭秦呀！”

秦穆公觉得奇怪，就问他是什么意思。

烛之武说：“秦、晋两国围攻郑国，郑国就要灭亡了！灭亡郑国如果对秦国有好处，那也不枉您千里迢迢地带兵前来。但实际上，秦国和郑国并不挨着。郑国灭亡，直接得利的是晋国，您能得到什么呢？”

见秦穆公没说话，烛之武继续说道：“灭亡郑国，使您的邻国晋国实力变得雄厚，就等于削弱了您的力量啊！您这损耗自己的实力，为别的国家打地盘，又是何苦呢？”

秦穆公觉得烛之武说得很有道理，就放弃了攻郑，并与郑国结成盟国。接着又将杞子、逢孙、杨孙等大将留下守卫郑国，自己带兵悄然回国了。

得知秦军班师回国并留下人马帮助郑国，晋文公虽然心里老大不乐意，但也没办法，只好带领晋军也撤离了郑国。从此，秦晋之间的关系出现了裂痕。

几年后的公元前 628 年，晋文公去世，他的儿子晋襄公即位。此时有人劝秦穆公说：“晋国的国君重耳刚死去，还没有举行丧礼。趁这个机会攻打郑国，晋国决不会插手。”杞子等人也送信给穆公，劝其乘机伐郑。信上说：“郑国北门的防守掌握在我们的手里，要是您秘密派兵来偷袭，保管能成功。”

秦穆公多年以来一直处心积虑想拿下郑国，从而进军中原，不让晋国一家独大。这次见机会难得，当然不会放过。然而大臣蹇叔却极力劝阻说：“调动大军长途偷袭，一定会精疲力竭，而且行军路线这样长，能瞒得了谁呢？对方一定会提前做好准备，又怎么能够取胜呢？”

但秦穆公根本听不进去，执意要派大将孟明视为帅，蹇叔的两个儿子白乙丙、西乞术为副将，率军出征。

蹇叔觉得自己的儿子多半是回不来了，就在为儿子送行时，放声痛哭，惹得秦穆公非常不高兴。

蹇叔说的没错。由于秦国和郑国相距遥远，年末出发第二年春方才来到滑国和郑国的交界处。

就在秦军准备稍事休息后直捣郑国国都时，有个自称是郑国使者的人拦住了秦军。

那个人说自己叫弦高，特地来送上四张熟牛皮和十二头肥牛作为礼物，迎接秦军。

孟明视一看郑国已经“知道了”自己要来搞偷袭，当然不敢再前往郑国国都了。为了把损失降到最低，同时也为了表示自己不是来偷袭郑国的，他就率领秦军顺手把和晋国有血缘关系的滑国给灭了——好歹出来一趟，得带些战利品回去。

其实弦高并不是什么郑国使者，他不过就是个牛贩子。他在半道上看到了秦国大军，猜出了他们的来意，为了救自己的国家，才用了这样的计策。

弦高还派人到国都报了信，郑国国君赶紧派人去郑国北门查看，果然看到秦国将军有异样，就当机立断把那三人轰走了。

其实秦军想偷袭郑国这件事并不像秦穆公想的那样秘密，晋国早就得到了情报。

刚刚上台不久的晋襄公一看秦国敢这么干，当时就火了。他心想：“秦国竟敢趁我老爹刚死，把我兄弟之邦滑国给灭了，这还了得！”于是马上下令，在崤山阻击秦军。

孟明视等人哪里知道晋国军队在崤山等着他呢，大摇大摆地就来了，结果中了埋伏。秦军死的死、伤的伤，孟明视、西乞术、白乙丙三人都成了俘虏。

秦穆公想捡个便宜，结果偷鸡不成反蚀一把米，气得直跺脚。得胜的晋襄公很是高兴，但是他的母亲是秦国人，不愿同秦国结仇，就劝晋襄公放了俘获的三个秦国大将。

晋襄公遵从了母亲的意愿。

捡了一条命的孟明视三人回到秦国，本来想着秦穆公不杀他们也得罢免他们，可没想到秦穆公一身素服亲自来到城外迎接他们。还向他们承认错误，说自己不该不听蹇叔的话，酿成这样的大错。

三个人感动得热泪盈眶，打这以后，他们天天勤奋操练，一心一意要为秦国报这个仇。

到了公元前625年，孟明视要求秦穆公发兵去报崤山之仇，秦穆公答应了。孟明视等便率领四百辆兵车打到晋国，没想到晋襄公早有防备，孟明视又打了败仗。

第二年，不死心的秦穆公又派兵攻打晋国。由于秦军攻势猛烈，晋国稍微吃了点亏。晋襄公觉得硬拼不是办法，便命令晋军只许守，不许跟秦军开战。此后，任凭秦军怎么挑战，晋军就是不出战。

秦穆公四处放出风声，说晋国认输了。然后秦军来到崤山，把几年前作战死亡的秦军将士的尸骨收拾起来，埋在山上，祭奠一番，算是洗刷了以前的耻辱，然后班师回国。

秦穆公好好地检讨了一番，认为东出争霸暂时无望，于是改变战略，转而向西发展。

当时秦国的西面生活着很多部落。秦穆公将战略重心西移后，采取“擒贼先擒王”的方针，首先收拾了当时西戎部落中实力最强的绵诸部落，抓获了他们的首领。

其他西戎部落见状，吓得大气不敢出，只好纷纷归附。从此以后，秦国辟地千里，这就是历史上著名的“秦霸西戎”。

虽然秦穆公没有取得齐桓公、晋文公那样举世公认的霸主地位，人们对他是否算是“春秋五霸”之一也存有较大争议，但他称雄西部，为日后秦国统一天下埋下了伏笔，作出了重要的贡献。

第五章

韬光养晦，一鸣惊人

匍匐，是为了飞得更高

雄鹰在起飞之前为什么要先匍匐呢？那是因为放低姿态会让它飞得更高。楚庄王也深谙此理……

就在秦穆公称霸西戎前后，南方的楚国也一刻没闲地继续提升着自己的实力。

其实当时的楚国一直都是个大国，但它在和中原诸侯争霸的过程中，一直都没讨着什么便宜。这种情况一直持续到楚庄王继位后，才有所改变。

楚庄王即位于公元前613年。这位楚王与楚国先前的国君有些不同。他继承王位后，有三年时间既不过问朝政，也不出兵争霸，一副游戏人间的样子。白天巡游捕猎，晚上酒宴歌舞，为避免大臣们劝谏，还在宫门口挂了一块大牌子，上面写着“进谏者，杀无赦”。

满朝文武对这位新君的作为倍感失望，却又无计可施。

其实楚庄王这么做是别有用心。他之所以摆出一副昏君的模样，是为了麻痹相国斗越椒。

楚庄王刚继位时年纪很小，当时真正掌握楚国实权的是相国斗越椒。他要吼一吼，楚国就得抖三抖。

楚庄王清醒地知道，自己并没有足够的实力与斗越椒抗衡。因此，他只能借助享乐麻痹相国，掩护自己，同时又观察哪些人可以为他所用，在暗中积蓄自己的力量。

斗越椒果真上当，他在继续培植自己势力的同时，对楚庄王放松了警惕。

虽说楚庄王在宫门口挂了个进谏者死的牌子，可还真有为了国家冒死进谏的。这个人叫伍举，他有个很出名的孙子叫作伍子胥。

这天，伍举拼死闯进宫，来到楚庄王面前。楚庄王怀里搂着一个美人，用半醉半醒的眼睛看着他问道："你是来喝酒的还是来听音乐的，或者是来找死的？"

伍举当然不傻，他知道要是一上来就硬碰硬撂狠话，自己的人头可能就得搬家了。跟国君说话得讲技巧，怎样说才能让国君在有厌烦情绪的情况下接受建议，还真是个技术活儿。

幸好伍举懂这门技术。只见他平静地说："有人给我出了个谜语，我搜肠刮肚也想不出来谜底，只能来请教英明神武的大王您。"

楚庄王懒洋洋地说："哦，那好吧，你说说看，我正觉得无聊呢。"

伍举说："是这样的，我昨天听说，楚国山上飞来一只大鸟，它身披五彩，荣耀非凡。可是它在那高高的山峰上，一站就是三年，不飞也不叫。人们都看着它，却都不知道这是一只什么鸟？为臣愚钝，所以想来问大王。"

楚庄王听后沉默了许久，然后他推开怀里的美女，大笑着说："这可不是一只普通的鸟。你相信我，它三年不飞，一飞冲天；三年不鸣，一鸣惊人。你别急，时间就快到了。"

伍举以为自己一语点醒了梦中人，高兴地流着眼泪回家了。

然而伍举很快又失望了。因为一连过了几个月，楚庄王行为依旧，既不飞也不叫，照旧是喝酒听歌、打猎游戏。

这时另一个叫苏从的大夫实在忍受不住了，也冒死入谏。苏从不像伍举，会说个谜语什么的。他就是直截了当地劝楚庄王应该怎么怎么样，不该怎么怎么样。

楚庄王生气地说："你难道不知道寡人颁布的命令吗？"

苏从坦然回答："杀身以明君，这是我的愿望。"说完，脖子一伸，一副要杀要剐随你便的样子。

楚庄王见状，哈哈大笑着说道："大夫的话都是忠言，寡人怎么会杀你呢？我一定照你说的办。"

楚庄王说到做到，随即传令解散乐队，打发走舞女，提拔苏从和伍举等人为主政大臣。此后又陆续提拔了数百个名声好、能力出众的新人，逐渐稳定了楚国混乱的局面。

一鸣真的惊人

人们常用“一鸣惊人”来比喻平时没有突出表现，却一下子做出惊人的成绩。楚庄王大抵就是这样子的……

随着国力的逐渐雄厚，楚庄王开始了先辈的复霸之路。

公元前608年，楚国联合郑国进攻依附晋国的陈国和宋国。陈、宋两国在晋国的援助下，与楚、郑两国打了个平手。

楚庄王见没捞着什么好处，决定改变策略，先让郑国和晋国的附庸国交手，自己再从中渔利。

公元前607年，郑国在楚国的授意下出兵宋国。宋国大将华元率兵抵御，双方于大棘摆开阵势，准备一决雌雄。

就在这时，发生了一件匪夷所思的事情。

战前，宋国大将华元为了振奋士气，吩咐给士兵们加餐，每人分一大块羊肉。

当晚，华元亲自到军营四处察看，给士兵们鼓劲。士兵们看到将军亲自前来嘘寒问暖，都非常激动，纷纷表示要誓死效忠，战死沙场。

等大家都吃过饭了，华元站在高台上，慷慨激昂地对士兵们发表了一番激动人心的演说。

演说完毕，华元让士兵们回到兵营好好休息，自己则坐车回去用餐。他的驭手羊斟心里很高兴，心想：我一直随着将军来回奔波，没有功劳也有苦劳。这回士兵都得到了犒劳，想必将军也会让我跟他一起吃顿大餐了。想到这里，他几乎垂涎欲滴。

然而，在帅帐门口，华元却对他说：“羊勘，你去兵营用餐吧。”

羊勘很失望，肚子早已咕咕叫的他闷闷不乐地赶着车回到兵营。可是士兵们早就吃完饭了，羊肉也早被他们吃光了。

看着剩下的那点冷饭冷菜，羊勘心里的感受可想而知。他勉强给自己盛了一碗饭，刚吃一口，旁边一个炊事兵就打趣他说：“羊兄弟，小灶都吃了，还不放过我们这点剩饭啊？”接下来是哄堂大笑。

羊勘恼怒至极，狠狠地摔了饭碗，然后赶着马车向帅帐奔去。

通报了半天，他才得以进去。进去之后，他发现华元已经吃过饭了，正边打嗝边看书。

华元头也不抬地问他：“你有什么事吗？”

羊勘尽力平静自己的心情，给华元讲述了刚才的遭遇。没想到华元一点也没当回事，而是漫不经心地说：“这样啊，唉，你要是早点过来的话，这里还有不少我吃剩下的羊肉呢。可惜你来得太晚了，仆人们已经拿去喂狗了。”

羊勘有些委屈地小声说道：“我早就来了，只是卫士不让我进来。我没吃上羊肉就算了，但我希望将军能给我一点钱作为补偿。”

华元听了大怒道：“你这个要求太过分了！已经有士兵反映你与他们的待遇不平等了，我要再给你钱，他们会更加不满了。再说，你少吃一块羊肉又算什么？你下去吧，我还有公事要办！”

羊勘只好离开。

一夜无事。

第二天，宋郑两军展开厮杀。就在激战正酣的时候，羊斟突然驾着马车飞速向郑国的阵营冲去。还没等华元明白是怎么回事，就被羊斟拉进郑国大营稀里糊涂地成了战俘。

一场精心准备的大战胜负早已确定了。宋国大将军华元被活捉，没有了主帅的宋国士兵溃不成军，被郑国军队打得落花流水。宋军损失惨重，大败而归。宋国从此元气大伤。一块肉有时候并不仅仅是填饱肚子的问题，而是牵涉到地位和尊严。

再说宋国失败后，作为盟主的晋国觉得特没面子。这年夏天，晋国联合宋国、卫国、陈国准备攻郑，以报大棘之仇。

楚国也不含糊，直接将军队开到郑国国都等待晋军的到来。晋国大将赵盾率领的联军没料到楚军迎战这么干脆，心里没有准备，不敢前往交锋就退回去了。楚庄王又胜了强大的晋国一回。

楚庄王这只大鸟的鸣叫终于让整个天下都震惊了。

就在楚庄王准备再次大干一番事业的时候，楚国的内乱发生了。

公元前605年，楚国相国斗越椒乘楚庄王出外征战的时候公开造反，占据了楚国的国都。

楚庄王的士兵是刚刚打完仗回国，虽然是胜利之师，但已非常疲惫。楚庄王知道硬拼对自己不利，便说："斗氏一家于楚国有大功，宁肯使越椒负我，我不负越椒。"就派人前去讲和。

斗越椒觉得自己以逸待劳，一定能取胜，哪里愿意罢手！

楚庄王也不着急，到了晚间，他先假装退兵，把军队埋伏于漳水东岸，然后又派一队士兵在河岸活动，引诱斗越椒渡河，而他自己带领少数士兵躲在桥下边。

第二天一早，斗越椒见河对岸有楚兵，果然追过河来。待他发现自己中了计，想撤退时，桥已被拆毁了。斗越椒进退无路，惊慌失措之中被楚庄王的手下射死了。

趁着这个机会，楚庄王将斗越椒家族几乎屠戮得干干净净，彻底铲除了内患。

把前浪拍死在沙滩上

俚语云：长江后浪推前浪，前浪死在沙滩上。楚庄王还真就是这么干的……

随着不断取得胜利，楚庄王的自信度也越来越高。

就在楚国内乱平定不久，晋国发生了政变，晋灵公被干掉。楚庄王知道机会难得，于是趁着晋国无暇他顾，立即派兵北上，远征陆浑戎。当时这支强大的戎族部落正在侵犯周王室的直辖地。

驱逐了陆浑戎后，楚庄王有点不知道天高地厚了。他心想：“楚国大军离洛邑这么近，来一趟也不容易，不去展示一下咱们军队的风采说不过去。”

于是，楚庄王把军队开到洛邑郊外，在周天子的鼻子底下大模大样地搞了一次阅兵，意在炫耀楚国的实力。

周天子被吓得不轻。现在的他是要钱没钱、要兵没兵，只要楚庄王一声令下，他的小命可就保不住了。于是，他赶紧派王孙满带着丰厚的礼物前去犒劳楚军，并打探一下楚军的意图。

楚庄王一见王孙满就问：“我听说天子宫中藏着大禹治水时留下的九鼎，不知道这鼎的大小轻重怎么样？”

这位王孙满倒也不傻，他心想：“他问这个干什么，想偷还是想抢啊？他这是在觊觎神器，难道想取而代之？”

于是王孙满不卑不亢地回答：“九鼎是象征王室权威的礼器。九鼎经夏、商、周三代相传，都是有德者居之。现在大周虽然已经半死不活了，但老天爷还没放弃我们。所以，关于九鼎的事情，您还是不要过问为好。”

这一番绵里藏针的话，让楚庄王感觉有些自讨没趣，只能悻悻地嘀咕道：“有啥了不起的，随便取些我们楚国的兵器，铸十个八个鼎都不稀奇。”

楚庄王心中也明白，现在还不是和周王室公开作对的时候，于是带着自己的强兵悍将回国了。

回国后的楚庄王更加专心内政，楚国由此更加强大。

就在楚国国势蒸蒸日上的时候，晋国的情况却是江河日下。

之前的晋灵公从小缺少管束与正确的教导，是一个顽劣的纨绔子弟。

有一次他待着无聊，竟然站在高台上用弹弓射高台下的行人取乐。晋国在这样一个君主的领导下，衰退也就在情理之中了。

后来，晋灵公被权臣杀死后，他的一位叔叔继位为晋成公。晋成公干了几年后死去，由其子继位为晋景公。

尽管晋景公还算得上是一个有为之君，但经过这些年的折腾，作为霸主的晋国实力已大打折扣。

楚庄王正是看到了这一点，于公元前 597 年再度北上，攻击再次倒向晋国一边的郑国。

郑都被围长达三个月，郑人坚守等待晋国的援兵，可晋军迟迟不到，最后只好向楚国投降。

这年夏天，楚军与姗姗来迟的晋国援郑大军相遇于邲地。晋国元帅荀林父听说郑国已经降楚，本打算撤军，但晋军副将先縠不同意撤退，擅自率自己的亲军渡过了黄河。

荀林父不敢让先縠孤军深入，只好率全军赶上。晋楚两军在邲发生激战。由于晋军内部意见不一，导致全军指挥失灵，结果被楚军击溃。

在溃退时，晋军争相渡河，混乱不堪，或溺水淹死，或被楚军斩杀，惨不忍睹，损失极为惨重。

这就是晋楚之间著名的邲之战。邲之战后，楚庄王终于正式确立了自己在中原的霸主地位。

由于楚庄王统治了楚国二十多年，因此楚国在春秋中后期强盛一时。但是，正所谓“风水轮流转”，楚庄王于公元前 591 年去世后，很快又出现了一位新的霸主。

他的故事，同样富有传奇色彩。

第六章

风水轮流转

换婚换出了大悲剧

如果一个帮别人迎亲的人看见新娘子很漂亮，便将之移花接木送给了另外一个人，结果会怎样……

晋、楚两国争霸数十年，楚国终于在邲之战中将晋军打得灰头土脸，报了当年城濮之战的一箭之仇。但是，相互之间打来打去打了这么久，大家都打累了，觉得需要歇口气了。

于是，公元前546年，晋、楚两国和其他几个国家在宋国举行了“弭兵会盟”。在这次盟会上，大家签订了一份盟约，表示要用和平手段解决争端。

盟约规定，除了齐、秦两个大国外，其他小国都要向晋、楚两国朝贡。这等于由晋、楚两国共享了霸权。弭兵会盟之后的许多年里，真就没有再发生过大的战争。

然而这一切终究还是被打破了。打破和平气氛的是一次换婚。

事情的缘起还是跟楚国有关。

当时，楚国有个人叫费无忌（也作费无极），是太子的少师。少师的职责就是辅助、教导太子，在朝中是很高品级的官。少师之上还有太师。当时楚国的太子叫建，建的太师叫伍奢（伍举之子、伍子胥之父），而楚王正是历史上有名的楚平王。

虽然费无忌和伍奢都是太子建的老师，但太子建尊重伍奢讨厌费无忌。伍奢平时也看不惯费无忌谄上骄下的作为，因此也不喜欢他。

费无忌虽然得不到太子建的信任，也讨不到伍太师的喜欢，但却能得到楚平王的宠爱。

楚平王是一个很喜欢面子的人。只要臣下夸他功绩盖天，是天下无双的君王，他就会兴奋无比。如果你拍的马屁恰好又有一点来自捕风捉影的所谓根据，那楚平王就一定会视你为宠臣。在满朝文武大臣中，唯有费无忌能将楚平王夸得睡着了都会笑醒。因此，费无忌的“才华”得到了楚平王的高度认可，他简直就是楚平王的最爱。

在楚平王执政时期，楚国和秦国曾经有过几次冲突，楚国都落了下风。于是，楚平王决定和秦国言和。在当时，言和的最佳方法就是联姻，即让两个国家成为儿女亲家。这样，既然都是一家人了，在政治经济和军事上就可以相互提携和相互支援了。

双方经过一番商讨后，秦哀公答应把自己的长妹孟嬴嫁给楚国太子建为妻。

公元前 527 年，费无忌奉了楚平王的命令前往秦国为太子迎亲。

一路顺利。

然而，就在回楚国的路上，由于费无忌的“突发奇想”，发生了一件足以影响楚国命运的事件。

原来费无忌发现孟嬴貌美，于是这个小聪明层出不穷的野心家，眼珠滴溜溜一转，想出了一个“绝妙”的讨好楚平王的主意……

孟嬴一行人刚进入楚国，费无忌就将护送孟嬴入国都的任务交给了副手，他自己快马加鞭抢先向国都赶去。

见到楚平王后，楚平王非常惊讶，问费无忌怎么一个人回来了，是不是事情办得不顺利？

费无忌颇为神秘地示意楚平王密谈。接着，他告诉楚平王，他无意间看到了孟嬴的容貌，并且用惊讶得连自己也不相信的语气告诉楚平王说：“这孟嬴实在只有天女下凡可以相比！”

楚平王本就是个好色之徒，这一听就立刻动心了。费无忌见状忙又接着说:“说句大不敬的话,大王您后宫妃嫔加起来都没有一个孟嬴漂亮。”

这让楚平王听得郁闷死了！

费无忌看火候到了，便用一种极为体贴、理解的语气对楚平王说：“太子年轻，有的是机会。我们可以在将来给他找其他的美女做妻子。

而大王您……"

这话说到楚平王心坎里了，楚平王顿时心花怒放。但是，已经对外宣布是给儿子娶亲的，如果把孟嬴变成自己的妃子，别人会怎么看？

费无忌看透了楚平王的心思，又对他说："孟嬴还没有与太子正式成婚，所以您这样做并不违反道义。"

可怜青春年少的孟嬴就这样成了楚平王的妃子。楚平王对费无极也就格外宠信了。

俗话说"天下没有不透风的墙"。一年之后，孟嬴生下一个儿子，丑闻开始泄露出来。太子建郁闷死了，尤其当他听说是因为费无忌从中作梗的缘故，更是恨透了费无忌。

费无忌当然知道太子恨自己。他也知道，将来太子即位的话，自己的日子一定不好过。所以，他想阻止太子即位。

此时的费无忌因帮楚平王得到美人有功，成了楚平王跟前的红人。他利用平王对自己的宠信，开始挑拨他与太子的关系。

费无忌用的招数很简单——诬陷太子想要谋反。一开始楚平王很吃惊，不太相信，特意去问了伍奢。

伍奢得知情况后，严肃地对楚平王说："你怎么可以偏信小人之言，怀疑自己的亲骨肉呢？"

这话说得楚平王脸上发烫，于是不再相信太子谋反的事情。

费无忌得知后，发现要陷害太子，必须得先搬掉伍奢这个障碍。

于是，他对楚平王说，太子待在宫里时常与孟嬴见面不好，建议楚平王让太子到外面镇守边关，历练历练。楚王也觉得心里别扭，就立刻答应了。

过了一段时间后，费无忌又对楚平王说："我听说，太子现在手握兵权，伍奢正在和太子密谋造反。伍奢不是忠于您，而是忠于太子。大王不信的话，可以试试。"

楚平王就召伍奢来问话。果真，一说太子的事情，伍奢就极力替太子辩护，甚至有指责楚平王霸占孟嬴的意思。

这让楚平王恼羞成怒，下令把伍奢抓进了大牢。但费无忌还是不放心。他知道伍奢有两个很厉害的儿子。如果不斩草除根，他们将来恐怕会来找他报仇。于是，他以伍奢为诱饵，引诱伍奢的两个儿子伍尚和伍子胥自投罗网。伍子胥为人比较精明，他乔装打扮，逃出了楚国，而伍尚却落入罗网。

楚平王还在费无忌的强烈建议下，派司马奋扬去杀死太子建。司马奋扬情知太子建无辜，就暗中派人先去向太子建告密，自己则不慌不忙上路。

太子建闻讯带着儿子公子胜逃到了宋国，楚平王就命令杀掉了伍奢和伍尚。

就这样，一场原本应该喜气洋洋的婚礼因为费无忌，变成了血腥的悲剧。

更为可悲的是，这不是结局，而仅仅是开始。

愁啊愁，一夜白了头

所谓“一夜白头”，许多人都只是听说过而已，但伍子胥却亲身经历过……

伍子胥从楚国逃出来后，赶到宋国找到了太子建。不巧宋国发生内乱，伍子胥只好又和太子建父子一起逃到郑国，想请郑国帮他们报仇。可是郑国国君郑定公没有同意。

太子建报仇心切，便勾结郑国的一些大臣想夺郑定公的权，结果仇没报成，自己的小命反倒搭了进去。伍子胥万般无奈，只得连夜带着太子建的儿子公子胜逃出郑国，一路南奔，准备投靠长江下游的吴国。

吴国地处江南，虽然在当时的中原诸侯看来，它还是一个落后之邦，但由于前几代吴国国君努力学习先进礼仪文化和先进的农业生产技术，此时的吴国已经算得上春秋列强中的中等国家了。

不但如此，随着楚、晋两国势力的衰落，吴国开始露峥嵘了。它第一个盯上的就是老邻居楚国。楚国强大时，没少欺负吴国，但是一直未能将吴国彻底灭掉，反倒是吴国越战越强，逐渐成为楚国的劲敌。

因此，伍子胥之所以要千里迢迢投奔吴国，就是因为他知道吴楚两国是宿敌，吴国能够帮助他复仇。

不过，要想从中原的郑国来到江南的吴国，并不容易，因为要重新穿越楚国。楚平王早就下令悬赏捉拿伍子胥，还让画师画了伍子胥的像，挂在楚国各地的城门口，让各地官吏严格盘查。

伍子胥带着公子胜逃出郑国后，白天躲在不为人知的地方，晚上则靠着夜色赶路。这天晚上，他们来到吴楚两国交界的昭关。关上的官吏盘查得很紧，伍子胥根本蒙混不过去。幸亏他们遇到了一个叫东皋公的好心人，同情伍子胥，把他接到自己家里，好心招待。

奇怪的是，伍子胥在东皋公家里一连住了七天，东皋公却从不和他谈过关之事。伍子胥实在待不住了，就心情急迫地对东皋公说："我有大仇要报，度日如年。这几天耽搁在此，就好像快死去一样，先生还有什么办法呢？"

东皋公说："我已经为你们筹划了可行的计策，只是要等一个人来才行。"

听了东皋公的话，伍子胥仍然放不下心。到了晚上，他根本睡不着觉。他想告别东皋公自行离去，又担心过不了关，反而惹祸；可若是不走，又不知还要等多久？如此翻来覆去，不觉已到天亮。等东皋公见到他，大惊道："你怎么一夜之间头发全白了？"

伍子胥一照镜子，果然自己的一头黑发已全白了，不由暗暗叫苦。东皋公却大笑道："我的计策成了！几日前，我已派人请我的一个朋友来，他跟你长得很像。我想让他与你换位，以蒙混过关。你今天头发白了，不用化妆，别人也认不出你来，就更容易过关了。"

就这样，东皋公让他的朋友冒充伍子胥过关。守关的人逮住了这个假伍子胥，而那个真伍子胥因为头发全白，面貌变了，守关人认不出来，给蒙混过去了。

伍子胥出昭关后，害怕后面有追兵，急急忙忙往前跑。前面是一条大江，拦住去路。正在着急时，江上有个捕鱼的老头儿划着一只小船过来，把伍子胥渡了过去。

伍子胥非常感激老渔人的出手相救，便摘下身边的宝剑，交给他说："这把宝剑是楚王赐给我祖父的，值一百两金子。现在送给您，好歹表表我的心意。"

老渔人说："你知道吗，楚王为了追捕你，出了五万石粮食的赏金，还答应封告发人大夫爵位。我都没有贪图这些赏金、爵位，难道还会要你这把宝剑吗？"

伍子胥连忙向老渔人赔礼，收了宝剑，继续亡命天涯去了。

鱼肠剑，夺命不手软

"鱼肠剑"的故事在一些武侠小说里被演绎得凄美绝伦，其实原版是这个样子的……

好不容易逃到吴国的国都姑苏后，满怀报仇之心的伍子胥最初只能在街头靠吹箫卖艺和乞讨为生。

有一种说法是，由于伍子胥的箫吹得很好，暴露出了胸中的才气，引起了吴王僚和他的堂弟公子光的注意。吴王僚和伍子胥一番交谈后，觉得人才难得，便任命他为大夫。

其后几年，吴国和楚国之间爆发了一次大规模的战争。战争的起因非常简单，吴国边境有一个小镇叫卑梁，和楚国的边境小镇钟离接壤。

有一天，吴国的一个小孩因采撷桑叶和楚国的另一个小孩吵了起来，最后发展到打斗。楚国镇子里的人打进了吴国的卑梁，杀死了卑梁不少人——这就是成语“卑梁之衅”的由来，用以形容因小事而引起的大冲突。

按说这事楚国人已经占了便宜，但楚平王听说后仍然大为恼火，立刻派军队灭了整个卑梁。吴王僚听到报告后，觉得楚国太欺负人，也派兵攻打楚军。

吴军的统帅是公子光，他率领大兵浩浩荡荡开赴边境，一举扫灭了钟离和居巢，并且直逼楚国的腹地。

楚军害怕，急忙撤军。

此时伍子胥也在公子光军中。由于在吴国已待了几年，伍子胥对吴国国内情况比较了解。他觉得公子光野心大势力也大，也许有朝一日会代吴王僚而立。为了在公子光面前展露一下自己的才能，给这位将来可能的新主留下深刻印象，他便在攻下居巢的时候，力劝公子光乘胜追击。

令伍子胥没有想到的是，公子光不但没听他的劝告，反而在回国后对吴王说：“伍子胥一直怂恿我向楚国纵深推进。伍子胥的父兄都是被楚王杀害的，他这是不惜伤害吴国的利益，来为自己的父兄报仇。我看此人不能不防。”吴王听从了他的话，从此对伍子胥有了猜忌之心。

也有一种说法称，公子光之所以这样说，是因为怕伍子胥为吴王所用故意为之。

不管怎么样吧，反正伍子胥已经不可能继续在吴王身边待下去了。他便来到离吴国国都不远的山间种地为生。临行前，他把自己的朋友——著名的江湖杀手专诸介绍给公子光做保镖。

伍子胥此举可谓是一箭双雕，一方面可以借此和公子光拉近距离，另一方面又可以通过自己的朋友监视宫廷里的动向，以便伺机而动。

公元前516年，楚平王去世。吴王僚感到机会来了，就派大军去攻打楚国。没想到，战争进行得不太顺利，吴国的军队被拖在了战场上，一时半会儿回不来。公子光一看，他堂哥的亲信都不在国都，就准备动手。

他先叫来专诸，如此这般交代一番，然而又亲自到宫里对吴王僚说："我请了一位太湖名厨，特别擅长烹调鱼类，做出来的鱼据说是太湖一绝。今天专程请大王屈驾到舍下品尝。"

不知道吴王僚上辈子是不是猫变的，总之他对鱼有一种特殊的嗜好，每餐几乎是无鱼不欢。因此，听了公子光的话后，他立刻就流着口水来到公子光的家里。

这当然是一场"鸿门宴"了。公子光在宴席两侧埋伏了不少兵士。

不过吴王也不是省油的灯，他对公子光早就起了疑心，因此带了很多士兵来参加宴会。这些士兵个个手持兵器虎视眈眈，公子光不敢轻易下手。

过了这村就没这店了，眼看事情要坏，公子光急忙找了个借口，来到家里的地下室，启动备用方案。

备用方案就是，由专诸化装成厨师，将一条做好的鱼端给吴王僚。然后趁机取出鱼肚子里藏着的锋利的短剑，刺死吴王僚。

半个时辰过后，就在吴王酒酣耳热之际，专诸果然端着一条热气腾腾的大鱼步入宴会厅，向吴王走去。

也活该吴王命丧此地，一闻到飘来的鱼香，他居然忘却了自己国君的身份，像个猴急的孩子一样，一边说着"好香"，一边摇摇晃晃地站了起来，想提前看清盘里的鱼。

就在吴王身子前倾的当口，专诸以迅雷不及掩耳之势从鱼腹中抽出短剑向他的胸膛刺去。

可怜的吴王连行刺他的人都没有看清楚，就倒在了血泊中。

吴王的卫士们反应也不慢，然而他们虽然立刻乱刀砍死了只拿着短剑的专诸，但吴王僚已永远地闭上了眼睛。

这时候，公子光事先埋伏好的士兵们一拥而出，把吴王僚带来的卫士都杀掉了，这就是历史上著名的"鱼肠剑"的故事。

就这样，公子光靠弑杀堂兄当上了国君，他就是吴王阖闾。随后，伍子胥也得偿所愿，成了吴国的军事统帅。

“小蛇”吞了“大象”

蛇能吞象吗？当然不能。但以小胜大、以弱胜强，却是有可能的……

在中国历史上，伍子胥是一位杰出的军事家。可与他同期，还有另一位杰出的军事家也来到了吴国，他就是大名鼎鼎的孙武。据说被世界各国广泛应用的《孙子兵法》就是他写的。

孙武本是齐国人，出身于齐国的田氏家族，他的祖先是陈国公子完。完因避乱逃到齐国，被齐桓公接纳，担任管理齐国手工制造业的工作。

由于公子完表现出色，齐桓公奖赏给他一些田庄。公子完想隐姓埋名在齐国定居下来，便将名字改为田完。经过田完的努力，田家的家业逐渐兴旺起来，成为齐国的大族。田家传到第五代为田书，他就是孙武的祖父。田书在齐景公时官至大夫，后因立下战功，被赐姓孙氏，自此田书改名孙书。孙书的儿子孙凭是齐国名将，他就是孙武的父亲。

孙武生活的年代正是战争频繁、社会动荡的时代。再加上出生在这样一个祖辈精通军事的家庭中，他从小就受到强烈的军事氛围的影响，对兵法有浓厚的兴趣。他刻苦钻研古代军事名家的作战案例，希望从中探求克敌制胜之道。

公元前532年，齐国田、鲍、栾、高四大贵族之间矛盾激化，引发了持续多年的内乱。孙武身为田氏的后人，当然不可能置身事外。这四大家族为了各自的利益互相打击，孙武不想身陷其中，于是逃出了齐国。

孙武经过长途跋涉来到吴国。他在吴国国都郊外的穹窿山隐居，同时继续研究兵书。在这里，孙武完成了他的传世之作——《孙子兵法》十三篇。

伍子胥逃到吴国后，认识了孙武，两人结为朋友。吴王阖闾为称霸天下，重用伍子胥等一批贤臣，并继续广泛搜罗人才。

伍子胥知道孙武精通兵法，就向阖闾推荐了隐居的孙武。孙武把自己经过潜心钻研写成的兵法十三篇献给吴王阖闾。

不过阖闾一开始不知道孙武的底细，所以也没把孙武太当回事，只是收下了孙武的著作，便请他先回去休息。没想到，他翻开这兵法十三篇后，才看了一两卷，就发现孙武实在是一位不可多得的军事人才。

阖闾生怕这绝顶人才就这么走了，便立刻将孙武请来，恭恭敬敬地对他说道："先生的大作，实在是千古奇篇，寡人已经全部拜读过了。先生的高才，寡人实在仰慕不已。不知先生是否愿意留在朝廷任职？"

孙武本来就想在吴国求官，自然不会有异议。阖闾对孙武是"纸上谈兵"还是确有真才实学仍存有疑问。于是，他脑中突然灵光一闪，想到了一个考验孙武的办法。他对孙武说道："若寡人希望先生以妇女为兵，并将其练成精兵，不知先生能否完成任务？"

孙武淡淡地一笑，一派轻松地回答："练兵之道，无分男女。孙武愿为大王训练一支精良的'娘子军'，以供战争之用。"

阖闾很快从宫里选出一百八十名女子交给孙武。孙武将这些女子集中到校场（古代操练或比武的场地），先将她们分成两队，再发给她们基本的武器和装备，使她们先在表面上有了军队的形式。随后，孙武任命阖闾的两名爱姬为两队的队长，命她们负责军令的执行和监督。任命完成之后，孙武便对着她们说道："全军听令！"

这群从阖闾宫里选出来的女子，平常的"工作"只是娇呼几声，让阖闾开心。对军事战阵之类的事情，根本不想理会，更不会认识到它的重要性。因此大家都在玩闹，没有人认真地听孙武说话。

孙武无奈，先是向她们问道："你们可知道你们的心、背和左右手的位置吗？"

还没等孙武问完，这些女子全都笑成一团，觉得这位将军的问题很无聊，嘻笑着回答："知道。"

孙武接着说："那好，以后本帅说向前，全军就朝向自己心口所朝的方向看；说向后，就看向自己背部所朝的方向看；向左，就看左手方向；向右，就看右手方向。明白了吗？”

女子们又笑成一团，回答：“明白了。”

然而等到孙武真正开始操练时，上至两名队长，下到其余女兵，全都一直嘻嘻哈哈地笑闹，仍然没有把孙武的话当回事。

突然，孙武大声喝道：“来人啊！速将两名不听号令的队长，拖出斩首！”

霎时，整个校场突然安静了下来。卫士们不敢迟疑，立刻将两名队长押到校场之外行刑。两名队长吓得花容失色，高声呼救：“救命啊，大王！大王，救命……”

在旁边观看孙武练兵的阖闾于心不忍，就派人告诉孙武，希望能手下留情。然而未等阖闾派来的人说完求情的话，两名爱姬已人头落地。

这一来，所有的女子都不敢再嬉笑了，全都打起精神，专心操练起来。没多久，孙武走到阖闾面前禀报：“大王，此‘娘子军’的训练已初成，恭请大王检阅。”

阖闾自从爱姬被杀后，一直恍惚无神，听到孙武要他检阅，哪有一丝心情。于是便以头痛、拉肚子等为由搪塞，想先行回去休息。

孙武知道阖闾是心疼爱姬之死，就故意叹了口气后说道：“唉，原来吴王也不过如此！”

阖闾听到这句话后，骤然醒悟。他想到如此良将，若是被自己逼走，那可真是自己的大错了。于是，立即向孙武赔罪，并且任命他为大将，请孙武将吴国之兵训练成能以一当百的精锐之师。从此，孙武便在吴国出仕，为吴国的军事发展作出了卓越贡献。

吴国在伍子胥和孙武两人的帮助下，国力日益强盛。公元前506年，吴王阖闾拜孙武为大将，伍子胥为副将，率军进攻楚国。

当时，楚国号称拥兵百万。但吴军在孙武和伍子胥的率领下，一路牵着楚军鼻子走，打了五场硬仗都胜利了。

重创了楚军主力后，吴军一举攻克了楚国的国都。春秋时代的“超级大国”——楚国，就被这样端了老窝。人们认为这是典型的“小蛇吞大象”的故事。

此时，楚平王已死，继位的楚昭王早就逃得不知去向。伍子胥恨透了楚平王，就刨了他的坟，扒出他的尸骨。然后手持九节铜鞭，把楚平王的尸骨打得肉烂骨折。接着用左脚踩着楚平王的肚子骂道：“你活着的时候白长了两只眼睛，不辨忠佞，听信谗言，杀害我的父亲和兄长，他们多冤枉啊！”伍子胥还不解恨，又砍下了楚平王的头，并把衣物棺木全都销毁，连同尸骨弃于荒野。这就是历史上著名的“掘墓鞭尸”的故事。

这件事记载在司马迁的《史记》中，但后世有人认为伍子胥当年根本未鞭尸，仅是鞭了楚平王的陵墓。楚平王的墓现在已了无遗迹，史书上对此事记载又不周全，事情的真相恐怕已是一道永远无法解开的历史之谜了。

吴国破楚都后，阖闾的威望达到了顶点。虽然楚国后来在秦国的帮助下顺利复国，但也元气大伤，从此退出了春秋争霸的舞台。

此时的北方诸侯，晋国正忙着内乱，齐国也振作不起来，秦国偏处西北，放眼望去仿佛已经无人能与吴国抗衡了。

但是正所谓“风水轮流转”，就在吴国霸业达到顶点时，挑战者出现了。有人趁吴国驻兵楚国偷袭了吴国的老窝。阖闾不得不回兵救援，放弃了彻底消灭楚国的机会。

这个背后捅刀子的就是越国。

越国和吴国一样，地处东南，都城在会稽（今浙江绍兴）。吴越相邻，从前风雨同舟，关系非常好。但是到了越王允常当国的时候，他却对吴国有了觊觎之心。因此他见有机可乘时，自然不会让机会白白溜走。

越国这次捣乱，让吴王阖闾很不爽，所以他下定决心要解决越国这个麻烦。

于是，中国历史上又出现了一批传奇的人和传奇的事。

第七章

三千越甲终吞吴

为复国，吃尽千般苦

“卧薪尝胆”的故事没有几个中国人不知道。当年的勾践确实值得被人点赞……

公元前 497 年，越王允常死，其子勾践继位。次年，吴王阖闾认为越国新君初立，是动手的好时机，于是兴师伐越。

在孙武的训练下，吴军战斗力很强，越国军队自然不是对手。眼看就要崩盘时，越王勾践想出了一个奇特的办法：他派出一队死囚，把他们分成三排，让他们拿刀抵在自己脖子上，然后步行到吴军阵前，一边口称犯有死罪，一边挥剑自刎。

吴军将士一看都傻眼了：这么多人集体到阵前抹脖子，莫名其妙不说，还让他们心里直发怵——越国这都是些什么人啊！

勾践要的就是这个效果。

就在吴军将士愣神的时候，越军突然发动进攻，大败吴军。吴王阖闾在混战中被箭射伤，回国不久便伤重而亡。阖闾临死时，嘱咐儿子夫差一定不要忘了报仇。

夫差继位后，誓报此仇，日夜辛勤操练兵马。勾践得知夫差的决心后，决定打一场预防性的战争，以图先发制人。

公元前 494 年，越军以水军攻打吴国。吴王夫差得知消息，立即率精兵迎击越兵。吴军金戈铁马，气吞山河，越兵难以抵抗，连战败北。吴军乘胜追击，占领了越国的都城会稽。越王勾践率领残部五千人被围在会稽山上。

看着山下吴军多如蚂蚁的士兵，勾践毫无办法，不住地叹息着说：“难道我就要在这里结束我的一生吗？”

大臣文种劝他说："商汤当年被囚禁在夏台，周文王被围困羑里，晋国重耳逃到翟，齐国小白逃到莒，可是他们最终都称霸天下。这样看来，我们被困在这里并不一定是坏事。大王不要灰心，我相信您总有一天会称霸天下的。当务之急是找一个解决问题的办法。"

勾践问他："你已经有好主意了？"

文种说："现在敌我力量悬殊，只有到吴军那里请和。"

勾践说："如果吴国不答应，那我们不是自取其辱吗？"

文种回答："吴王夫差有两个最亲信的大臣，一个是伯嚭，一个是伍子胥。伍子胥性格直爽，是主战派，所以我们只有从伯嚭这边下手。"

勾践又担心地问："伯嚭要是不肯答应呢？"

文种紧接着说："大王放心，伯嚭这个人贪财好色、嫉妒贤能，和伍子胥向来不和。并且，因为伍子胥喜欢直言进谏，经常不顾及吴王的面子，所以吴王夫差也不太喜欢他。今天我们只要选一些美女，多准备一些黄金送给伯嚭，让他高兴了，然后在吴王那里为我们说话，就算伍子胥再反对，也没有用了。"

勾践见这方法可行，就派文种偷偷溜回会稽城，选了几个美人，让她们盛装打扮，然后又带了黄金万两，去拜见伯嚭。

双方见面后，伯嚭摆出一副既傲慢又公事公办的样子，躺在靠椅上懒洋洋地问文种："你是谁，找我有什么事？"

文种给伯嚭行了个礼，说道："我是越国的臣子，叫文种。越王勾践年轻无知，不好好地治理国家，反而穷兵黩武，进攻吴国，实在是不可饶恕。现在他很后悔，愿意对吴国俯首称臣。"

伯嚭不以为然地说："越国被吴国灭掉是早晚的事情，你来不来找我都是一个样啊！"

文种接着说："越兵现在虽然战败，但是剩下的部队保守地估计也还有五千精兵。而且以现在吴军和越军的形势，越军是背水一战，到时候谁胜谁败还很难说。"

文种看伯嚭不说话，就接着讲下去："越王已经做好部署，如果越军不幸战败了，会把国库的钱财都烧掉，投靠楚国，越国不会落到吴国的手里。就算吴国占有了越国，把国库的钱财宝贝都据为己有，太宰您分得的也不过是其中的一点点。但是如果您答应越国请和的要求，保住我王的性命，越王感谢您的救命之恩，肯定会重重地答谢您。每年献给吴王的贡品，肯定是先送到您的府里，任您挑选。”

伯嚭被文种的一席话说动了心，不由得点头笑了笑。

文种见状，从衣服里掏出礼单：“这是越王派我先送给您的一点小小心意，请您笑纳。”

伯嚭喜笑颜开地接过礼单，嘴上却说：“大王让你来找我，肯定知道我不是那种赶尽杀绝、幸灾乐祸的人。冲大王对我的信任，这个忙我肯定要帮了。”

第二天，伯嚭就去觐见吴王夫差。夫差听说伯嚭要替越国说话，有些生气地说：“这次战争是越国挑起的，他自取灭亡，我岂能容他？”

伯嚭笑着说：“大王啊，越国战败已经是定局，如果赶尽杀绝，当然也是一种办法，但是这样的话，他人肯定要非议我们没有仁义之心。现在他们来请和了，答应他们的话，越国也是我们的，不但越王成为您的臣子，越国的金银珠宝和无数美女，也都归大王了，而且还会留一个好名声，说您是仁慈之君，不是那种穷兵黩武、只知道用武力的暴君。这样一来，您在诸侯中也会树立起威信，这对您的霸业大有好处啊！”

伯嚭的一番话让夫差不禁动容。在当时的几个诸侯国中，吴国的实力并不是最强大的，而且和楚国等几个国家还结有仇怨。夫差太想做霸主了，为此他屯粮练兵、发展生产，已经准备了好多年。

伯嚭接着说：“越军已经是一帮亡命之徒，古语云：哀兵必胜。如果把他们逼急了，发起狠来，虽然我们人数众多，也很难说一定能打赢他们。到那时，还不被其他诸侯国耻笑？”

夫差想了想说：“你说得很有道理，但是就怕放虎归山，后患无穷啊！几年以后，他重整旗鼓，对我发兵，也不是没有可能！”

伯嚭笑着说：“大王如果不放心，就把勾践夫妇带到吴国，关到监狱里。这样就算他再有雄心壮志，也施展不了啊！”

夫差又想了想，最终采纳了伯嚭的建议。

伍子胥听说此事后，气急败坏地跑来劝谏，可这个时候夫差已经答应越国请和了。伍子胥气得脸色铁青，只好长叹一声，说：“十年以后越国重整兵马，再来攻打吴国的时候，吴国就没了！”没想到这真是一语成谶。

再说勾践夫妇带着文种和另一大臣范蠡来到吴国都城后，勾践见到夫差就稽首下拜，声称甘当奴仆，为阖闾守墓。夫差看着就心软了，最终没有接受伍子胥杀勾践的建议，而是选了一间破烂石屋，叫勾践夫妇住在里头，专门去管养马的事。

从此，勾践夫妇换上马夫穿的衣服，一天到晚锄草、养马、除粪、扫地、清理垃圾等。他们生活很苦，但却从没有一句埋怨的话，因此夫差很满意。

有的人得意了就难免猖狂，夫差也如此。为了显示自己打败勾践的丰功伟绩，每次坐车出去玩，他总叫勾践拿着马鞭，在车子前头奔跑。吴国的老百姓就指指点点地说：“大家快来看，这个人就是越王，真丢脸啊！”

勾践惭愧得恨不能有个洞可以钻进去。

有一天，夫差看到勾践夫妇坐在马粪边喘气，范蠡拿着马鞭站在一旁。夫差说：“他们真了不起，到了这步田地，还能保持君臣的礼节，实在是难得！”

受到越国贿赂的伯嚭连忙说：“他们也够可怜的。”接着，又怂恿夫差放勾践回去，但这时的夫差并不同意。

一晃几年时间过去了，勾践不能归国，心中很是焦急。

有一回，夫差染病在床。勾践就对范蠡说：“吴王已经病了三个月了，现在还不见好转。我怕他万一有个三长两短，恐怕我们也就跟着完了，吴国人是不会放过咱们的。依先生所见，现在该怎么办才好呢？”

范蠡胸有成竹地说：“现在问题的关键是进一步取得吴王的好感和信任。眼下他卧病在床，倒是个大好的机会。大王可以请求去问候他。见到他后，您可趁机请求尝一尝他的粪便，就说您会根据粪便的气味诊断病情。这样就可以表现出您对吴王的一片赤诚和忠心。同时，您要向他拜贺说：‘大王不用担心，您的病一定会好。’等到夫差病好了，您也就没有什么可担忧的了。”

勾践为难地说：“我虽然窝囊，好歹也曾是一国之君，怎么能去尝人家的大便？这太不像话了！”

范蠡劝他说：“以前纣王把文王关在牢里，杀掉文王的儿子做成饼，让人送去给文王吃，文王还不是吃了？成大事者岂能计较这些小事！”

勾践虽不很情愿，但尝大便与要性命之间孰轻孰重，他还是分得清的。

于是，勾践去求见吴王，探视他的病情。他跪在床前，一边哭一边说：“听说大王您生病了，我难过得心肺都要烂了……”话没说完，夫差一扬手说：“等等！”原来夫差要拉肚子。

勾践急忙说：“我以前学过看病，只要一看粪便的颜色，就可以知道病情如何。”说完，站在一旁，等着夫差。

待夫差解完，侍卫要把便盆端出时，勾践一个箭步向前，跪下来掀起盖子，用手抓了一点大便放到嘴里尝了尝。侍卫们都掩着鼻子，臭得想吐。

勾践回到夫差床前，跪下来说：“恭喜大王，贺喜大王，您的大便跟春夏的气味相调和。这是很好的征兆，表示大王的病快好了。”

夫差很感动地说：“连亲生儿子都不会为父亲这样做，而勾践竟然如此，可见他对我的忠心。”因此，当夫差病好之后，就决定释放勾践回越国。

伍子胥听到这个消息后，赶紧去见夫差说：“勾践是想哄大王开心，让您放他回国。大王千万不要上这种奸人的当啊！”然后竭力劝说夫差杀了勾践。

夫差很生气，说：“寡人病了这么长时间，你没有来安慰过我一次，也没送过一次东西。越王归顺我以后，不但每年进贡，而且在我生病的时候竟然尝我的粪便。这更是你做不到的吧！越王这样的忠义之臣，我怎么能杀呢？”于是不顾伍子胥的反对，放了勾践。

勾践回到越国后，立志发愤图强，准备复仇。他怕自己贪图舒适的生活，消磨了报仇的志气，晚上就枕着兵器，睡在稻草堆上。他还在屋子里挂上一只苦胆，每天早上起来后都要尝尝它的味道。这就是著名的“卧薪尝胆”的故事。

勾践一面不断发展经济、扩充军队，一面秘密策划对付吴国的计划。经过一段时间的努力后，越国的国力渐渐强盛起来，但比起吴国显然还很落后。这时，范蠡提出了“双管齐下”的方针，建议勾践在发展壮大自己的同时，针对吴王夫差的特点，使用“美人计”，惑乱吴国。勾践接受了范蠡的建议，派范蠡寻觅天下美女。

自古吴越出美女。范蠡经过千挑万选，最后在山清水秀的苎萝山下找到了一个叫西施的绝色美人（一说还有郑旦）。从此，美女西施走上了历史的舞台，扮演起了另一种人生角色。

沉湎温柔乡终败亡

温柔乡里卿卿我我，但一个人如果沉湎于此，大抵就不妙了……

经过一番培训后，范蠡将西施送往吴国。

吴王一见到西施，立即被她的美貌惊呆了。觉得这个美人，天姿国色，绝世无双，吴宫诸姬没有人比得上她。从此，西施便留在了夫差的身边，伺机进行着范蠡的计划。

西施知道，要让这个男人从内心深处离不开她，无疑要从小事做起。于是，聪明的西施在夫差高兴的时候，陪他高兴；在夫差心情不好的时候，便使出浑身解数，为他驱散心头的愁雾。

一天，夫差因受到伍子胥的顶撞，气得两眼发黑，直到回到宫里，仍气鼓鼓的。夫差不想把气恼带给西施，就站在走廊上独自生闷气。只听见一声轻柔的叫声：“大王！”

夫差一回头，看到西施仪态万方、光彩四射地站在他的背后，顿时眼前清亮了许多。好像一阵清风徐徐吹来，他心头的怒火不知不觉就减了几分。

“臣妾听见大王的脚步声，就从寝宫赶来伺候大王。无奈大王只管生气，连臣妾来到身旁也未觉察。臣妾原不敢惊动大王，后来怕大王气坏了身子，这才斗胆唤了大王一声。”西施温声细语地说着，声音就像山间溪流一般，煞是悦耳动听。

“大王今日心情烦闷，我给大王唱支曲子吧！”说完，西施飘飘袅袅，轻移绣鞋，从夫差身后转到前面，歌喉一启，唱了起来：

秋江岸边莲子多，
采莲女儿棹船歌。
花房莲实齐戢戢，
争前竞折歌绿波。
恨逢长茎不得藕，
断处丝多刺伤手。
何时寻伴归去来，
水远山长莫回首。

夫差听得摇头晃脑，心里像有一只纤手在抓挠一般，痒得惬意。他听到的哪里是歌声呀，分明是玉液琼浆正在涓流不息地注入金樽，清香醇美，令人心醉。

西施唱着唱着，长袖一抖，跳起舞了。只见她款款转动身腰，甩开罗裙，婆娑回旋，进退逡巡。随着舞步越来越轻盈，她的身腰越转越快，罗裙越甩越疾，最后连人也看不清了。夫差眼前只有一片云，若隐若现，扑朔迷离，看得他目瞪口呆，如痴如醉。

西施的脸在那片飞旋的云中间偶尔会露出来，对吴王回眸一笑。夫差只觉得眼前那一片云突然熠熠发光，变成金色的了。美人清香醇美的歌喉，在不断变幻旋转着的金色的云后面再次响了起来：

采莲采莲芙蓉衣，
秋风起浪凫雁飞。
桂棹兰桡下极浦，
罗裙玉腕轻摇橹。
叶屿花潭一望平，
吴歌越吹相思苦。
相思苦，不可攀，
江南采莲今已暮，
海上征夫犹未还。

夫差被人间哪得几回闻的此歌此舞刺激得兴奋难抑，情不自禁地击掌相和。兴之所至，他也拉开粗犷的嗓门引吭高歌：

看楚腰，风前一把舞鲛绡，

倩人难画难描。

夫差渐渐忘记了烦恼，吩咐侍从拿酒来，他要与美人一醉方休。这时的夫差正是年富力强的时候。他个头不高，却长得虎背熊腰，一件王袍紧绷在身上，一抬手，一举步，肌肉块块鼓起，真是个纯爷们儿。然而，案上的山珍海味，夫差一口也没吃，将西施的歌舞当作了最好的佐酒菜。西施的时歌时舞，彻底荡涤了夫差的不快。

从此，西施真真切切成了吴王夫差内心深处最温暖的依靠。他不但视西施为自己的爱人，而且视她为自己的知己，永远也离不开她了。当然，朝政也疏于治理了。

此时的越国仍然不断地给伯嚭送来许多的金银珠宝和美女，使他经常在吴王面前为越国说好话。就这样里应外合，吴王对越国的臣服深信不疑。朝中一些敢于劝谏的大臣，不是被吴王训斥，就是被罢官，要么就被驱逐，渐渐也就没人敢开口了，相国伍子胥也称病不再上朝。

后来，吴国和齐国之间有了矛盾，夫差想要攻打齐国，但伍子胥认为远征齐国并非明智之举，应该全力提防越国。伯嚭却力劝吴王攻打齐国，此时西施也劝吴王放弃越国攻齐国，吴王自然言听计从。

后来齐国大败，被迫向吴国求和，吴王认为这次能够旗开得胜是因为听了西施的话，因此对她更加宠爱。不过西施心里清楚，若想让吴国彻底灭亡，必须得除掉相国伍子胥才行。于是，她便和一向与伍子胥有过节的伯嚭一起不断在吴王面前说伍子胥的是非。

一天，她对吴王夫差说："伍子胥是什么人，连自己的国家都想灭，还会害怕什么人吗？他一向主张灭掉越国，我也是越国人，就请大王先把我杀了吧，要不就不能留着伍子胥。"

夫差不忍看爱妃如此难过，加之他本就对伍子胥烦透了，于是便做出了决定，派人将一把名叫"属镂"的宝剑赐给伍子胥，逼其自杀了。

一代忠臣、春秋时期的一代名将，就这样死于非命。而巨大的灾难，也一步步逼近了夫差和他的吴国。

公元前 478 年，吴国在遭遇多年灾荒后又遇大旱，国库早已空虚。百姓饥饿，大多到东海之滨觅食。勾践乘隙攻吴，吴越战于笠泽。越军以两翼佯动、中央突破、连续进攻的战法，突破吴军江河防御，乘胜连续追击，夺占吴国大片土地，三战三胜，从根本上改变了吴越力量对比。

公元前 476 年，勾践再次伐吴，后包围了吴国的都城。这一围就是三年多的时间。吴王夫差被越军长期围困，力不能支，心中更加恐惧。此时伯嚭托称有病不出，夫差便另派使者公孙雄去见越王，乞求和议。

越王勾践想起当初夫差曾放自己一马，一时心软，准备答应吴国的请求。

就在这个时候，范蠡对他说："大王您忍辱受苦这么多年，为的是什么？现在您打算前功尽弃吗？"

然后，范蠡对公孙雄说："过去是上天把越赐予吴，你们不受；今天是上天以吴赐越，我们不敢违背天命而听从你们的请求。"

公孙雄还要哀求，范蠡毅然击鼓进兵。

于是越王勾践拒绝了吴使的求和，令越兵加紧攻城，不久就破城而入。

夫差见求和不成，后悔没有听伍子胥的忠告，非常羞愧，就拔剑自杀了。据说他临死之际，令手下将其双眼用布遮住，说："我无面目见伍子胥啊！”

勾践进入吴都后，占据吴王旧宫，百官称贺，伯嚭也在队列中。他自以为对勾践有周全照顾之功，因此面有喜色地向勾践拜贺。勾践却下令诛杀伯嚭，罪名是“不忠于其君，而外受重贿”。这样的人确实不该留在人间。

此后越国的国力越来越强。勾践适时率军北上，与齐鲁两国会盟，并被周元王封为“侯伯”，成为诸侯共尊的霸主，也就是春秋时期的最后一个霸主。

家国兴亡自有时，吴人何苦怨西施

有人说，西施是红颜祸水，站在吴国的立场上，这可以理解。然而，她真的是吗……

吴国灭亡了，为灭亡吴国立下汗马功劳的西施、范蠡和文种三个人的结局又是怎样的呢？

“吴王亡身余杭山，越王摆宴姑苏台。”

灭掉吴国后，越国君臣终于可以松一口气了。没有了顾虑与担忧，没有了烽烟与战火，取而代之的是丰盛的宴席、喜庆的场面。唐朝著名诗人李贺曾为此写过一首题为《越中览古》的七言绝句：

越王勾践破吴归，战士还家尽锦衣。

宫女如花满春殿，只今唯有鹧鸪飞。

前三句就是讲越王破吴后的情景。然而在这群臣皆乐、万民同庆的时节，却有一个人闷闷不乐。

谁?

越王勾践。

原来他一直在思考着什么……

站在远处的范蠡看着越王的背影，也在思索着什么……

由于在灭吴过程中范蠡劳苦功高,屡出奇谋,被越王勾践封为上将军。

这是一个让人艳羡的官职，但是范蠡丝毫也快乐不起来。看着越王孤独的背影，他不禁想道：勾践为了兴越灭吴的大计，不惜入吴为奴，归国后卧薪尝胆，忍辱负重。如今终于如愿以偿，功成名就，他便不想归功于臣下了，猜疑忌妒之心已初露端倪。大名之下，难以久居啊！如果不及早脱身、急流勇退的话，伍子胥就是自己的榜样，日后恐怕死无葬身之地!

想到这一点，范蠡暗中下定了决心：离去!

次日一早，范蠡穿戴整齐后去拜见勾践，开门见山地说道：“我听说主忧臣辱、主辱臣死。当年大王您受辱于会稽，我之所以当时没有死，是为了隐忍一时而使越国强大起来。如今吴国已灭，越国已经成为霸主。如果大王能赦免臣在会稽时当诛的罪过,我愿意辞官退隐,终老于江湖。”

勾践乍听此话,颇感意外,不觉神情凄然,也不知是出于真心还是假意。

沉默片刻，勾践说道：“寡人和越国依赖先生的智慧与力量，才能够有今天。如果先生留在我身边，我将与先生共享越国，把越国分一半给先生，来酬谢先生的功劳。先生又何苦退隐呢？”

范蠡笑了笑，坚辞不受。

勾践见范蠡不愿意，就接着说：“如果先生不听寡人之言，必将身败名裂，并且我会杀掉你的妻子儿女，请先生三思而后行。”

这个逻辑转换实在太快了，让人很难一时转过弯来，然而范蠡懂。

他知道勾践担心的是他离去后被别国所用，威胁越国。范蠡毕竟辅佐越王勾践数十年，对他的心胸了如指掌。他深知勾践为人“长颈鸟喙”（即长颈尖嘴，古人认为这是一种阴险狠毒的相貌），可与之共患难，难与之同安乐。如果现在不急流勇退，连自己也会惨遭荼毒。

于是范蠡一不做二不休，当晚便来了个不辞而别。他收拾了一些细软，带领家属和几个手下，踏着月光，悄悄离开了越国。

勾践得知范蠡离去后，脸色大变，问文种是否可以把范蠡追回来。文种答道：“范蠡智慧超群，神机妙算，找到他恐怕是很难了！”

勾践连连叹息，事已至此，只好命工匠用上等的好铜铸了一座范蠡像，置于殿中。为此，清代诗人徐公修写诗道：“铸金故主空摹象，凤举鸿冥不可留。”

范蠡是远走高飞了，但文种还留在勾践身边。

此时的文种还处于战胜吴国的亢奋中，显然他并不清楚自己的危险处境。也正是由于文种自己不清楚，作为曾经的好友和同事，范蠡才想到要提醒他。

于是范蠡在刚一动身时，便提笔写了一封信，令人给文种送去。他在信中劝说道：“飞鸟尽，良弓藏；狡兔死，走狗烹……文兄为何还不赶紧离去呢？”

是啊，飞鸟都被射杀了，弓箭也就该歇歇了；兔子已经逮住了，捕猎的狗不正好能用来美餐一顿吗？敌国已被消灭，那些建立了千秋功业的大臣们，也就该死到临头了！

范蠡说出了这样一番千古名言，由此可见他对世事洞察之深。

文种看到书信后，思前想后地考虑了一番，毕竟这关乎自己的身家性命。文种并不笨，想到勾践灭吴称霸后并不实施封赏，而是与旧臣日益疏远，当即恍然大悟、如梦初醒：该向范蠡学习。

文种便假装得了大病，从此不上朝了。他想以这种方式为自己留条后路。

然而，一切都晚了，勾践把他的一切后路都给无情地断绝了，只给他留了一条路：死路。

时间就是生命，说这句话的人真是天才。

勾践对文种的才能一向十分了解，认为灭吴之后就再也用不到他了；又害怕他一旦为乱的话，没有谁可以制止。这时恰巧有人诬告文种图谋作乱、想要造反——勾践终于有了一个堂皇的借口处置文种。

于是，勾践赐给文种一柄剑，这把剑正是当年夫差赐给伍子胥自刎用的属镂剑。

勾践对文种说："文先生，当年你一共献给我九条计策，我只用了其中的六条便把强大的吴国灭掉了。现在还有三条在你那里，效果不知如何，你就到地下先王那里去试试这剩下的三条吧！"

文种知道自己已没有起死回生的可能了，只得取过剑来，仰天长叹后拔剑自刎。

文种的命运如此，再看看汉朝文臣张良、武将韩信的命运，再听听明朝开国皇帝朱元璋"火烧功臣楼"的故事……他们成就大业，登上最高权力的宝座后，无不心生疑忌，以种种借口和阴谋手段杀害开国功勋，不也佐证了"只能共患难，不能同欢乐"吗？

还是书归正传吧。

就在文种死的同时，范蠡正驾着一叶扁舟，泛舟五湖，后来辗转来到一个叫陶的地方，即今天山东菏泽一带。凭着他的经商天赋，范蠡很快就成了一个天下有名的大富翁，人称陶朱公。

成了大富翁的范蠡时常用所赚的钱财接济当地的贫穷人家。人们为此极为尊敬他，将他尊为"财神"。

后人对范蠡评价甚高，史学家司马迁称："（范蠡）三迁皆有荣名。"世人以诗誉之："忠以为国，智以保身。商以致富，成名天下。"

关于西施的命运，历来有不同的说法。归纳起来，大体有以下几个版本：

一是隐居说。

这种说法最早见于东汉袁康的《越绝书》。书里说："吴亡后，西施复归范蠡，同泛五湖而去。"

民间流传的说法对这种说法进行了很好的补充：话说姑苏城破，吴国灭亡之时，西施的恋人范蠡匆匆来到吴宫深处，将西施救出，从水道进入云雾霭霭的太湖。远离政治斗争的漩涡后，范蠡化名陶朱公，以其雄才大略，经商致富，与西施二人从此过着极尽人间豪华的生活，福寿双全而终。

二是被杀说。

据与《越绝书》同时代的作品《吴越春秋》记载，吴国灭亡后，足智多谋的范蠡独自飘然而去。西施并没有随范蠡而去，而是被人沉江而死！西施被沉江的最早记录见于《墨子》。

那么问题又来了，是谁将她沉江的呢？由于史无记载，人们提出了三种假设：

第一种假设，被勾践夫人沉江。

民间有这样一种说法，越王勾践率大军灭掉吴国后，准备把西施纳为妃。可是这个时候的西施还在吴王夫差的宫殿里，勾践就派人把西施接到归国的船上，准备送回自己的宫里。然而就在西施即将登岸的时候，勾践夫人认为西施是“祸国之女”，担心她祸害越国，当然也担心她夺去自己的王后之位，于是就令手下将她装进袋子沉入江底。

这种说法比较残酷，但因较为符合君王好色、王后嫉妒的心理，比较流行。《东周列国志》上也持这种说法。

第二种假设，是被范蠡沉江而死。

在这种说法中，范蠡与西施并非传说中的相恋很久的情人，范蠡反而成了杀死西施的刽子手。

这种说法认为，吴国灭亡以后，越王勾践因为西施的美貌想要将她留在身边，但是范蠡坚决反对。他要越王吸取吴王教训，不能被美色诱惑。于是范蠡设下计策，派人用越王的车把西施骗到太湖，再把她骗上船，到湖心的时候把西施从船上推了下去，西施溺死于太湖中。

第三种假设，是被吴人沉江而死。

民间还有一种传说，吴国灭亡后，吴人把一腔怒火都发泄在西施身上。他们用锦缎将她层层裹住，沉入了扬子江心。

一说：“扬子江有美人鱼，又称西施鱼。一日数易其色，肉细味美，妇人食之，可增媚态。据云系西施沉江后幻化而成。”

三是落水说。

或许是善良的人们不希望西施这位美丽女子落个悲惨结局，于是找出唐朝诗人宋之问的诗句“一朝还旧都，靓妆寻若耶。鸟惊入松萝，鱼畏沉荷花”为依据，认为吴亡后西施回到故乡，在一次浣纱时，不慎落水而死。此说似乎最理想，可是最缺乏证据。

此外，还有愧疚自缢说。

一些话本和戏剧中演绎的情节是，西施助越国灭掉了吴国后，一方面感到欣慰，完成了自己的使命；另一方面也感到内疚，觉得对不起吴王夫差。在一种异常矛盾的心理中，西施不能解脱，最后自缢于吴宫内。在这一说法中，西施似乎是日久生情，爱上了吴王夫差，于是殉情而死。

不过，令人奇怪的是，在以严肃信史著称的《史记》中，《越王勾践世家》与《货殖列传》都提到了范蠡，但没有述及西施，更不用说记述她和范蠡有什么关系了。

司马迁为什么对这个在当时政治生活中起着重要作用的女人只字未提？这一点很令人费解。

于是一代佳人西施的结局众说纷纭，是被沉于水，或是跟随范蠡归隐于五湖，还是其他什么结局？这个千古之谜尚待后来的人们进一步探索。

不过从勾践后来杀死文种这件事来看，将西施沉入水中的说法似乎更有说服力。自古以来，有功之臣被杀并非什么稀奇之事。或许后人就是不愿意西施有这样悲惨的下场，所以才宁愿说她和范蠡最终有情人终成眷属吧。

佳人虽逝，但后人对她的评价，却是仁者见仁，智者见智。不过人们说得多的一个词还是“红颜祸水”，将吴国灭亡的责任全部推到她身上。这未免有失公允。

平心而论，西施只不过是一个平凡的女子而已，只是因其绝色的美貌才和国家的命运联系在了一起，成为复国计划中的一员大将。她只不过是在尽一个越国子民应尽的义务。对她自己来说，这又何尝不是一种牺牲呢？她的忍辱负重和委曲求全，值得让所有人对她重新审视。

“家国兴亡自有时，吴人何苦怨西施。”这句诗是唐代诗人罗隐所作。诗句十分明确地表明吴国的灭亡有其定数，非西施一人之过。

的确，倘若不是吴王夫差好大喜功，倘若不是吴王夫差大肆挥霍，倘若不是吴王夫刚愎自用，那么再多出几个西施来，恐怕也动摇不了吴国的江山。正所谓：“君王城上竖降旗，妾在深宫哪得知？”西施决定不了自己的命运，更决定不了一个国家的兴衰。

兴，有兴的道理；亡，有亡的缘由。

第八章

一切都乱了套

悲剧已经埋下

“听人劝，得一半”算得上是一句人生经验之谈。然而智伯的老爹却不以为然……

“一兔走，百人逐之，非以兔为可分以为百也。由名分之未定也。夫卖兔者满市，而盗不敢取，由名分已定也。”

这是《商君书》里的一段话。《商君书》也称《商子》，是战国时期法家学派代表人物商鞅及其后学的著作汇编。这句话意思是，一只兔子在前面跑，上百人在后面追，就是因为这只兔子的名分未定——谁逮着就是谁的；而集市上的兔子，在笼子里放着，小偷不敢拿，因为归谁所有的名分已定。

这段话形象地说明了春秋末年的形势。

当时，周王朝已经延续几百年，虽然诸侯国之间也有攻伐兼并，但讲究“名分”的礼制还在。天子、诸侯、卿、大夫等的名分仍然是很明确的，虽然有的人对此心不甘情不愿，但至少在明面上也没干太超出自己名分的事，天下基本上还是平衡的。

然而这一切很快就被打破了。

我们知道，周朝实行的是分封制。这是因为，周朝人口众多、疆域广大。当时的生产力水平还很低，交通不便，信息也很阻塞，所以分封制是当时唯一可行的制度。

分封制的实施，在实际上也扩展了周王朝的疆域。因为每个诸侯国都想要扩张自己的势力。他们这一扩张，原来不归附周王朝的地方，也变成了周朝的属地。所以，这一制度在当时对巩固周王朝的统治，起到了非常积极的作用。

然而，分封制虽然是周朝统治者想出来帮自己排忧解难的办法，但随着时间的流逝，这个办法的弊病越来越显露了出来：当天子把土地分给诸侯，让诸侯帮他管理的时候，诸侯为了省事，又分封给卿大夫，它的每一层都是往下分封的。就像春秋初期周天子开始被诸侯架空一样，到了春秋末期，诸侯们也开始逐渐被卿大夫架空。

这是由于，握有实权的卿大夫为了扩张自己的势力，纷纷通过减轻赋税来笼络人心，而且效果相当不错。

随着势力越来越大，卿大夫的力量逐渐强大到连国君都控制不了。这种现象在晋国尤其明显。

早在晋献公年间，为了避免诸公子争位引起国家大乱，献公对公室宗亲进行了一次大清洗。后来，晋国的历代国君不再立公子、公孙为贵族，这就是所谓的“晋国无公族”。

这样一搞，公族是没有了，但是一个国家总不能全靠国君一个人来治理，于是异姓卿大夫开始崛起。

强盛的晋国渐渐被十几家大夫所把持。这些大夫之间也经常发生争斗，到了春秋晚期就只剩下赵氏、魏氏、韩氏、范氏、智氏、中行氏这六家，这就是历史上的“晋国六卿”。晋国的大事基本上就由这六家说了算。

六卿之间也不可能和平共处，他们各自有各自的武装和人马，经常为了扩大地盘，打得不亦乐乎。

打着打着，有的家族就被打弱了，然后被其他家吞并。到了晋出公十七年（前458年），智氏和韩、赵、魏三家合谋，灭掉了范氏和中行氏，将他们的领地、人口、财产全瓜分了，原来的六卿就变成了四卿。

但是，争斗远远没有结束。到了智襄子，也就是智伯做智氏族长时，吞并和反吞并的斗争呈现白热化。

当初，智伯的父亲智宣子决定让智伯当家族掌门人时，曾有族人出面劝止。他的理由很简单，智伯这个人虽然长得一副帅哥样，而且能文善武、多才多艺，但他却有一个致命的缺点，就是人品不怎么样。换句话说，智伯是典型的有才无德。

“如果把智氏家族的命运交到这样的人手里，那我们家族离完蛋也就不远了！”但智伯的老爹根本就没把族人的劝告当回事。

悲剧的种子就此埋下。

一句话引发的大分裂

有句话叫“说者无心，听者有意”。因此，说话不过脑是有可能要付出代价的……

智伯当上家族掌门人时，在晋国的大家族中，赵氏的实力是非常强大的，甚至到了专擅晋国大权的地步。

野心很大的智伯当然容不下赵氏一家独大，他挖空心思地谋划着怎样将赵氏一家给弄下去。

智伯虽然人品不好，运气却还不错。当他接任老爹当上智氏家族掌门人不久后，赵氏家族最能干的赵简子死了。赵简子一死，赵氏的优势就失去了一大半。

赵简子死后，智伯秉政。智伯虽然无德，但确实有才。他对外兴兵伐齐，两度讨郑，均取得了赫赫战功。

到范氏和中行氏被瓜分后，晋出公非常不满，想联合齐、鲁讨伐四卿，计划失败反被四卿驱逐。

晋出公逃亡，智伯将晋哀公推上君位，自己是大权独揽。然而这时他为人贪得无厌、好大喜功、骄奢淫逸、刚愎自用等缺点也暴露了出来。这些缺点使得他的敌人越来越多。

智伯与赵简子的接班人赵襄子结怨最早、最深。之前，智伯率军攻打郑国，当时赵襄子还未继位，随智伯一同出征。智伯酒醉后，大发酒疯，殴打了赵襄子。

赵氏家族的人纷纷要求以死相拼，被赵襄子劝阻了。他说：“正是因为我能够忍受侮辱，父亲才立我为继承人。”话虽如此，但他内心已对智伯有了刻骨的仇恨。

又有一次，智伯与韩氏家族当家人韩康子、魏氏家族当家人魏桓子等一起举行宴会。酒宴上，他喝得兴起，竟然戏弄起韩康子，让韩康子十分尴尬，从此也恨起智伯来。

这时，智伯虽然独揽朝纲，成为四卿中势力最大者，但他仍想继续削减赵、魏、韩三家的势力，独霸整个晋国。于是，他便用晋君的名义收取三家土地。

他对赵襄子、魏桓子、韩康子三人说：“晋国本来是中原霸主，后来被吴、越夺去了霸主地位。为了使晋国强大起来，我主张每家都拿出一百里土地和户口来奉献给公家。”

赵、魏、韩三家都知道智伯心存不良企图，想以公家的名义来逼迫他们交出土地。可是三家心不齐，韩康子最爽快，二话不说就把土地和户口割让给智伯。魏桓子不愿得罪智伯，也把土地、户口给了智伯。只有赵襄子觉得土地是祖宗留下来的产业，说什么也不能送人。智伯气得火冒三丈，马上命令韩、魏两家一起发兵，联合攻打赵家。

智伯自己率领中军，韩家的军队担任右路，魏家的军队担任左路，三队人马直奔赵家。赵襄子知道自己寡不敌众，就带着自己的人马退守晋阳（今山西太原）。

智伯率领三家人马将晋阳城团团围住。赵襄子命令将士们坚守不出。每逢三家士兵攻城时，城上就不停地放箭，使三家人马没法前进一步。就这样，攻打了一年多，三家兵马始终没能把晋阳城攻下来。

到春雨季节时，智伯见水坝里的水满了。忽然心生一计，命令士兵在水坝上开了个豁口。这样，大水就直冲晋阳，灌到城里去了。

智伯和韩康子、魏桓子一起到高处去察看水势。他指着晋阳城得意扬扬地说；“二位请看，晋阳不是就快完了吗？以前我还以为晋水像城墙一样能拦住敌人，现在才知道大水也能灭掉一个国家啊！”

韩、魏两家的掌门人一听这话，心里咯噔一下，冷汗都下来了——原来，魏家的总部在安邑，也就是现在的山西运城，可以被汾水灌掉；韩家的总部在平阳，也就是现在的山西临汾，可以被绛水灌掉。

魏桓子赶紧拿胳膊肘捅了捅韩康子。韩康子立马用脚踩了踩魏桓子，意思是别说了，兄弟我都明白。今天的赵氏就是明天的咱哥俩，咱得想想后路啦。

智伯丝毫没有意识到，自己无心的一句话，竟然会改变智、赵、魏、韩这四家的命运。

这时候，智伯手下的一个家臣发现事情有些不对劲，就对智伯说："韩、魏两家一定会跟咱们作对的。原因很简单，本来咱们跟他们两家约好，灭了赵氏之后平分地盘。现在晋阳城马上就被攻破了，这原本是好事，但两家的掌门人却一脸的不高兴。看来是害怕赵氏灭亡之后，下一个会轮到自己。"

没想到，智伯是聪明一世糊涂一时。他听了家臣的话后，不仅没有放在心上，反而干了一件让人感觉犯傻的事情——他把这位家臣的话转告给魏桓子和韩康子。当然了，智伯也可能是想试探一下，敲打敲打他们。

结果不难预料，魏桓子和韩康子当即矢口否认。智伯也没有深究，认为就凭他们"那点儿斤两"，也掀不起多大的浪来。

此时，外面的局势虽然起了变化，但困在晋阳城里的赵襄子却不知道。眼看大水马上就要淹过城墙了，赵襄子急得嘴角都起了泡。

忽然，一个大胆的计划涌上心头：如果策反韩、魏两军，一起干掉智伯，一家老小不就不用担心喂鱼了吗？

想到就做是赵襄子的风格。于是他派了个胆大心细的人秘密见了魏桓子和韩康子，对他们说："现在我们是快要完蛋了，但你们的死期又有多远呢？干掉我们赵家之后，智伯会放过你们吗？你们好好想想吧，唇亡齿寒啊！现在唯一的办法就是咱们三家合力把智伯给灭了，平分他的地盘。这样不就一切都反过来了吗？"

就像瞌睡碰上了枕头，韩、魏两家的掌门人本来就有这心思，哪里会拒绝呢。于是，三家一拍即合，当即约好了行动时间。

第二天夜里三更时分，智伯还沉醉在梦乡里，猛然间听见一片喊杀声。他连忙从卧榻上爬起来，发现衣裳和被子全湿了，再定睛一看，兵营里全是水。他开始还以为可能是堤坝决口，大水灌到自己军营里来了，赶紧叫士兵们去抢修。但是不一会儿，水势越来越大，把兵营全淹了。

智伯正惊慌间，忽然四面八方响起了战鼓。赵、韩、魏三家的士兵驾着小船、木筏，一齐冲杀进来。智家的士兵，被砍死的和淹死在水里的不计其数。

智伯就这样全军覆没。赵襄子、韩康子、魏桓子三人将智伯斩首，并以叛逆的罪名将智氏一族满门抄斩。智氏的土地由三家平分。

这样一来，韩、赵、魏三家变成了晋国实际的掌控者，原来的四卿只剩了三卿。等到晋幽公继位时，他不仅不能号令这三卿，还得去朝见这三家的掌门人，君臣关系都颠倒了。

到公元前 403 年，晋国韩、赵、魏三家的继承人韩虔、赵籍、魏斯各派使者去向周威烈王要求独立封侯。此时的周天子哪里敢说个“不”字，只得照三家的意思分别册封他们为韩侯、赵侯、魏侯。

到了公元前 376 年，韩、赵、魏三家干脆废掉晋国国君，把晋国剩余的土地全部瓜分了。至此，晋国由堂堂的春秋霸主，变成了被大夫们瓜分的肥肉，立国六百多年后彻底灭亡。这就是历史上著名的“三家分晋”的故事。因为韩、赵、魏都是从晋国分出来的，所以被称为“三晋”。

三家分晋是中国历史上具有划时代意义的重大事件，人们通常将它看作是战国时代起始的标志。

老牌齐国改了姓

虽然齐国改了姓，但它终归还是活下来了，算是不幸中的万幸……

就在与韩、赵、魏三家分晋差不多同一时期，春秋时期的另一强国齐国，也发生了一件大事。

这件大事的缘起要从春秋第一代霸主齐桓公的时代说起。

公元前 672 年，陈国发生内乱，陈厉公的儿子陈完为了避难，逃到齐国。齐桓公收留了他，并任命他为工正（掌管工匠的官）。此后，陈完一直在齐国生活。也许是为了和自己不愉快的过去说再见，陈完将自己改为田完。他的子孙后代也在齐国世代为官，并以田为姓。

公元前 545 年，田完的四世孙田桓子，联合鲍氏以及大族栾氏、高氏合力灭了齐国当时权势熏天的庆氏。之后，田氏又与鲍氏合力击败栾氏、高氏，成为齐国炙手可热的权臣。

齐景公时，田完的第五代孙田乞为大夫。当时，齐景公生活奢侈，大兴土木，豢养良犬骏马。为尽情享受，齐景公还向百姓横征暴敛，致使国内一片哀声怨气，民众频频反抗。

与齐景公的倒行逆施相反，田乞积极收买民心。田氏的私家量器容量比公家的大四分之一。他借给民众粮食时使用自家的大斗，收回时却故意用公家的小斗，使民众得到好处。这样一来，百姓自然都拥戴田氏家族。

齐景公对田氏的这些做法视若无睹，不加抑制。当时的有识之士晏子为此感叹地说："齐国已到衰微的末世了，政权最终要归属田氏啊。"

田乞死后，其子田常继续施展其父的故技争取民众，积蓄了实力。

到了公元前 481 年，摊牌的时刻终于到了，田常于这年夏天发动了政变，对当时的国君齐简公展开了攻击。

其实这时候的田常完全是在赌博。因为当时忠诚于齐简公的大臣以及军队还有很多，只要齐简公当机立断，集合所有反对田氏的力量发起反扑，这时候的田氏还是无法对抗的。

然而齐简公虽然一开始很果断，准备亲自挂帅镇压叛乱，但临近行动的时候却犹豫了。

田常起先的表现其实也比较糟糕，一遇抵抗居然就手足无措，甚至想逃命而去。关键时刻族人田逆拽住了他，怒斥道：“既然要造反，却又畏敌如虎，你这算什么事呢？你这一跑，跑得了吗？整个家族的性命都会毁在你手里！你还像个男人不？”

田逆的一顿骂，惊醒了田常。他心想：“既然横竖都是死，还不如放手一搏。”于是带头率兵冲杀，一举击溃了率军前来围堵他的齐简公宠臣阚止。

闻听阚止兵败，此时尚有力量抵抗的齐简公当场扔下随从往南而逃，却没逃掉，被抓了回来，最终死于非命。那些忠诚于齐简公的大臣们，也陆续被田常抓住。

随后，田常来了一次大清洗，把跟自己不对付的势力通通解决掉。当年与他的先祖一起夺权的盟友鲍氏一族也遭屠杀。

然后，田常立齐简公的弟弟为齐平公，他自己以相国的身份独揽大权。

这时期田常的政策，除了推进封建化改革，发展生产外，最重要的就是对外寻找盟友。他和此时晋国新兴的势力赵氏、魏氏、韩氏都建立了友好关系，相互之间互相承认对方的地位，结成了利益共同体。为了争取他们的支持，更把原先占有他们的土地归还给了他们。对南方正咄咄逼人的吴国，田常也采取隐忍政策，主动遣使通好。

不过，此时的中原大地上，宗法制的社会结构并未完全消失，废除国君依然是大逆不道的行为。田常虽然大权独揽，但终其一生，也没敢走出这最后一步。

田常去世后，田氏家族继续把持齐国政权长达六十多年。他的儿子田盘为齐宣公相，孙子田和拥立了齐康公。这期间，田氏家族的各类人物，陆续接替了齐国旧贵族地位。他们以新贵族的身份把持了国家大政。田氏彻底废掉姜氏只是时间早晚的问题。

交班的时间最终在公元前 391 年到来了。这一年，田和将傀儡国君齐康公迁移到了海边居住，随后通过与他一直要好的魏文侯向周天子上奏，要求按照三家瓜分晋国的例子，册封他为齐国的国君。

这时候的周天子已是“泥菩萨过河——自身难保”，哪里敢提一点反对意见？

公元前 386 年，周天子正式册封田和为齐国国君。自此，田氏代齐的过程彻底完成。相比晋国，齐国的名号总算是保留了下来。

三家分晋虽然是周朝建立以来开天辟地头一遭，但那是三家权臣势力均衡的产物；田氏代齐却是一家权臣独揽大权，最终使一个国家从里面改朝换代了。这标志着西周建立的宗法秩序至此彻底崩溃。

当然，田和最终能走出代齐这一步，与他有一个重要的盟友——魏文侯，是分不开的。

魏文侯是三家分晋之后魏国的国君。在他的领导下，魏国很快就强大起来，成为战国初年的头一霸。

不过，魏国只是三晋之一，实力远不如原来的晋国，那么它是如何崛起的呢？

第九章

冤冤相报何时了

改变才有出路

不改变就是死路一条。正是因为积极进行变革，魏国才走在了争霸的前头……

春秋时期的晋国一分为韩、赵、魏三家后，因为三家谋发展的指导思想不同，所以它们的发展道路和结果也大不相同。其中，在前期发展得最快、最好的是魏国。

三家分晋时，魏国的掌门人是魏桓子。他死了之后，他的孙子即位，这就是魏文侯。魏文侯是一个雄才大略的君主。

当初三家瓜分晋国的财产和地盘时，赵国不仅得到了晋国北部的大片土地，还向东越过太行山，得到了邯郸附近的地盘。韩、魏两国相对就得到的少一点儿。

如此一来，魏国的日子自然就不太好过。因为它北边是强大的赵国，南边是新兴的韩国，西边一河之隔的是秦国，等于其核心被紧紧夹在了晋西南一隅，不仅压抑，还很憋屈。

不单如此，魏国山多平地少，人口密集，粮食生产只能勉强维持国内需求。幸好天无绝人之路，魏国还有一样特产，那就是产盐地。

盐是人类的必需品，加之当时出盐的地方少，因此那时的产盐地比今天的油田还宝贵。白花花的食盐就等于白花花的银子，这就为魏国的经济发展攒了一点儿家底。不过综合来说，魏国的天时和地利并不算太优越。

魏文侯倒是个聪明人。虽然天时地利咱都不大占，那我就要“人和”吧。于是，他把“人和”牢牢地攥在了手里，干出了一番大事业。

“人和”的前提是要有人。什么人？有才能的人。

在列国争霸的时代，得一人兴邦，失一人丧邦。这样的例子数不胜数。魏文侯敏锐地感觉到了人才的重要性，不拘一格地选拔了许多优秀人才。比如，当时名气和学问都响当当的儒学大师段干木、留下了“河伯娶亲”历史典故的西门豹等。当然，其中最为著名的还要数李悝。

李悝是战国时期的政治改革家，法家重要代表人物。不过，早期的李悝只是一个边郡太守。

既然是边郡太守，应付边境线上一些小规模的军事冲突自是难免。为了提高当地居民的战斗力，李悝想了一个很“另类”的办法。他下令说，如果人与人之间发生了纠纷，将不再以案件本身的是非曲直来判断，而是以射箭比赛的结果作为依据——射中的赢，射不中的输。

这个命令一下达，当地居民都争相练习射箭技术，恨不得人人都成为百步穿杨的神箭手。后来，在魏秦两国的交战中，由于魏军箭法高超，秦军吃了大亏。

当然，作为后世推崇的法家先驱——近代著名思想家梁启超认为，谈论中国法制史上最重要的人物，当首推李悝，李悝用这个办法裁决的案件，估计是一些无伤大雅的小案，比如他在看戏时踩了我一脚，他们家的猫偷吃了我家的鱼，等等。倘若人命关天的案子也如此草菅人命的话，李悝还能成为那个备受尊崇的法家始祖吗？

正是由于李悝在郡守任上的政绩相当不错，魏文侯才将他提拔成了相国。

李悝任相十年，在魏国实施了一场前无古人的变法，史称“李悝变法”。

李悝变法，与中国历史上绝大多数的变法一样，首先是从农业开始的。在当时的条件下，他认为财富产生的唯一根源是靠农业。农业如果受到危害，国家就会贫穷。因此，他提出“尽地力之教”的原则，意思是，要教会农民尽可能地提高土地单位面积的粮食产量。

在今天，提高粮食亩产，主要依靠的是科技手段，譬如农药、化肥、杂交技术等。在那时，其着眼点不可能是科技手段，而是如何调动农民的种粮积极性。

那么，怎样才能提高农民积极性呢？毫无疑问，实行土地私有制是那时最根本的办法之一。

一开始，魏国采取的措施是让新兴地主和农民都拥有一定的土地。农民有了可以自行支配的土地，每年生产出来的粮食，除了上缴国税外，剩下的就全归自己了。应当说，在科技尚不发达的时代，这是发挥农民积极性以开发土地潜能的有效办法。

但这种办法也有弊端，那就是在遇到丰年或灾年的时候很可能会失灵。在丰年，由于增产，市场饱和，粮食卖不出去，或者只能低价卖出，这就是“谷贱伤农”；在灾年，由于减产，粮食价格上涨，城里的居民就买不起粮食，这就是“籴贵伤民”。古语云：“民伤则离散，农伤则国贫。”也就是说，无论粮贵粮贱，总有一方会受伤害。李悝认为，一个善于治理国家的人，是不应该让这两种情况发生的，应尽最大可能“使民不伤而农益劝”。

李悝采取了一个叫“平籴法”的办法。所谓“平籴法”，就是官府把丰年分为上、中、下三等，灾年也分为上、中、下三等。丰年时由官府按丰年的等级出钱购入一定数量的余粮，灾年时则由官府按灾年的等级平价卖出一定数量的粮食。

这样一来，不管丰年、灾年，粮价都基本能保持稳定，从而达到“取有余以补不足”“虽遇饥馑水旱，籴不贵而民不散”。魏国正是由于采取李悝的这种措施，很快便粮库充盈，国富民强。

传统的中国社会向来重视农业，李悝是中国重农思想的先驱。他的“平籴法”由国家控制粮食的购销和价格，一举解决了丰年多粮、灾年少粮的矛盾，开了后来历代王朝“平准均输”（政府稳定物价和调剂各地供应）、“常平仓”（政府为调节粮价、备荒赈恤所设粮仓）制度的先河。

然而，凡事有利也有弊。李悝的办法成效显著，影响巨大。后来的改革者（尤其是商鞅），将李悝的办法加以扩大，视农业为“本业”，而其他各业（尤其是商业）为“末业”。这是重农思想带来的不可轻视的负面效果。

在推行“平籴法”等经济改革的同时，李悝还实行了政治改革，那就是破除奴隶主贵族赖以依存的爵禄世袭制。

爵禄世袭制或称“世卿世禄”制，是奴隶制时代奴隶主贵族世代享有其祖上获得的爵位、官位以及相应俸禄的制度。到了春秋战国时期，爵禄世袭制已经日益显现出它的严重弊端。那些贵族子孙整日只知道声色犬马、纸醉金迷，居官不谋官事，为国不念国政，不仅不能为国家带来尺寸之功，反而还消耗了大量国家财富，阻碍有志之士建功立业。李悝将这些无功而食禄者称为“淫民”。

无疑，要对他们的爵禄世袭制提出挑战，实际上是在动摇奴隶主政权的上层建筑。因此，作为第一个吃螃蟹的人，李悝需要付出的勇气和智慧是巨大的。为此，他首先要求得魏文侯的支持。

史书上记载了这样一件事：一天，魏文侯问李悝怎样治国，李悝答：“为国之道，食有劳而禄有功，使有能而赏必行、罚必当。”意思是，要让有功之人享有俸禄，要重用有才能的人，还要赏罚得当。

魏文侯说：“我赏罚很得当啊，可民众还是不愿为我出力，这是什么原因呢？”

李悝回答：“那多半是因为这个国家里有‘淫民’吧。”

见魏文侯若有所思，李悝又一针见血地指出：“如此者，夺其禄以来四方之士，此之谓夺‘淫民’也。”他断然提出，要削夺“淫民”的俸禄和官位，以此招徕四方有才之士。

魏文侯采纳了李悝的建议，从此魏国贵族们的特权被取消了。国家建立起一套依靠战功和才能选拔任用官吏的制度，使一大批新兴地主阶级的代表人物，乃至有作为的平民，能通过李悝架设的阶梯进入权力中心。

此后，一大批来自各国的人才被吸引到魏国来，如吴起、乐羊等。在他们和李悝等人的共同努力下，魏国的国力空前发展，逐渐成为中原地区的超级大国，由此抢得了争霸的先机。

秦、魏结下百年恩怨

邻居不一定就是好伙伴。这不，一衣带水的秦、魏两国不就成了百年冤家……

当国力强盛到一定程度后，魏文侯觉得是提升军事实力的时候了，于是任命吴起为大将。

吴起这个人很复杂。他原本出生在卫国一个十分富有的家庭，长大成人后，为了在政治上求得发展，曾拿着家里的钱四处奔走寻找门路。但直到弄得倾家荡产，也没谋到一官半职，遭到邻里乡亲的嘲笑和讥讽。吴起为此气愤不过，一连杀了三十多个他认为让他很难堪的人。在临逃走时，他对母亲发誓："不当卿相，决不回卫。"

后来，吴起辗转来到鲁国做官，娶了一个齐国女子为妻。齐国和鲁国一向关系不好，春秋时期齐国就经常欺负鲁国。因此，娶了齐女的吴起得不到鲁国人的信任，在鲁国一直未能受到重用。

后来，为了不耽误自己的前程，吴起竟然一咬牙把自己老婆给杀了，这才获得了信任，当上了鲁国的大将——其心肠之狠毒可见一斑。

当上鲁国大将后，吴起在带兵与齐国的战斗中，打了很多胜仗。不过，还是有人看他不顺眼。

为什么呢？

原来吴起曾拜曾子的儿子曾申为师，算是儒门中人。后来吴起的母亲去世，吴起没有回家奔丧，这当然为讲仁孝的儒家所不容，所以曾申一怒之下将他逐出了师门，与他断绝了关系。现在吴起又为谋求大将的职位，杀了自己的老婆，由此可见，此人真是残忍到了极点。

那些看他不顺眼的人，觉得吴起对至亲之人都能残忍到这个份上，更不可能忠心于鲁国了，何况他还是个卫国人。

就这样，吴起在鲁国待不下去了，只好来到魏国。魏文侯还真是一个慧眼识珠的人，稍事考核后，立刻让吴起做了魏国的大将。

虽说吴起这个人人品很差，为了个人前途竟然做出杀妻的行径，但他确实是一位军事天才，非常懂得利用士兵的心理。外出打仗时，他总是与士卒们同甘共苦，不搞一丁点儿特殊化。

有一次，士兵中有人伤口溃烂，生了个脓疮，吴起居然亲自用嘴帮他吸脓，把那位士兵感动得哭了三天三夜。因此，士兵们都死心塌地为他卖命。

正是得力于吴起的努力工作，魏国建立起了一支强大的军队。这支军队以步兵为主。入选的士兵能穿着甲胄，持长戈带剑，身背五十支矢和强弩，携带三天军粮，在半天内连续行军一百里。这堪称精兵中的精兵。

军队的组织是五人一伍，设伍长一人。二伍一什，设什长一人。五什为屯，设屯长一人。二屯为百，设百将一人。五百设五百主，一千人设二五百主。这个二五百主也叫千人。一千人是一个基本的作战单位。一旦有了战争，就根据实际情况将军队编制在一起，设将军一人。

魏国还开创了中国最早的“摩托化步兵”，就是打仗时把步兵用马车拉到前线，然后徒步投入战斗。这一系列的强军措施，让魏国的部队战斗力提升了几个档次。

随着国力的攀升，魏文侯就有了其他想法了。

当年，魏文侯跟韩、赵两家达成协议，一致向外发展。当时赵国在北，韩国在南，所以魏国就把发展的方向锁定在了西面。魏国的西面离秦国很近，两国仅一水之隔。

前面曾经讲过，秦国在秦穆公的时代，是西方霸主，实力不容小觑。魏国渡过黄河，在岸边建造进攻秦国的军事据点。秦国可不是好欺负的，几场战争打下来，战事陷入了僵局。

等到吴起来到魏国做了大将之后，僵持的局面才被打破。吴起率领魏军，在河西战场大败秦军，冲破了秦军的河西防线，直扑秦国，攻至渭河平原的咽喉要地——郑地（今陕西渭南）。

秦国人吓得不轻。如果吴起冲破郑地，进入渭河平原，就等于控制了秦国的粮食基地。而且，平原一马平川，无险可守，吴起大军一到，必定如入无人之境，一口气杀到秦国的都城。这样一来，秦国被灭国都有可能。

惊惧之余，秦国除了紧急调集军队防守渭河平原外，还派遣使者前往齐、楚两国，请求他们出兵攻击魏国，以减轻秦国的压力。

齐、楚两国见魏军主力都在西线攻打秦国，便趁机向魏国东边的几块飞地发起了进攻。同时，秦国河西防线的军队也切断了吴起的退路，与驻守在郑地的秦军一起夹攻吴起。

但是秦国和齐、楚两国显然都低估了魏文侯的战略眼光。面对齐、楚两国的进攻，魏文侯根本就没放在心上，几块飞地丢了就丢了，他只管一个劲儿地督促吴起跟秦国玩儿命干。

没多久，在河西之地与秦军的决战中，吴起指挥的魏军大获全胜。而魏国太子则趁秦军的河西守军主力围攻吴起防守空虚之际，指挥黄河东岸的魏军渡河，攻破了秦国河西防线的军事重镇。大批魏军就此攻入了秦国。

到了公元前 408 年，魏国已将河西之地据为己有。吴起还向北夺取了一些土地，把秦国压制在洛水以西。这种情况一直持续了近百年。彪悍的秦人与中原失去了联系。

就这样，魏国依仗地理上的优势，控制了秦国与中原的人员和物资交流，所以魏国越来越富，国力越来越强；秦国越来越穷，国力越来越弱，也因此结下了秦、魏之间的百年恩怨。

技不如人，就在“狠”字上下功夫

打不过别人怎么办？庞涓的办法是：那我就比你狠……

正所谓此一时，彼一时。魏文侯虽然大力延揽人才使得魏国在战国初期强盛一时，一跃成为中原的霸主，但到了魏惠王的年代，魏国开始走上下坡路。

魏文侯于公元前396年去世，由其子魏击继位为魏武侯。魏武侯还不错，在位二十多年间将魏国的霸业再一次推向高峰。

魏武侯去世于公元前370年，其子魏罃继位为魏惠王。魏惠王可以说是含着金勺子出生的，而且做国君时又逢魏国最鼎盛时期，但魏惠王在守成方面做得却不大好，直接导致了魏国的衰落。

其实魏惠王一开始做得也不算太差，将魏国打理得也算有模有样，但与魏文侯相比，他在识别和任用人才方面，却差得不是一星半点。正是由于他的用人不当，导致了魏国国力的衰败。

这位导致魏国国力衰败的人就是堪称军事奇才的庞涓。

一提起庞涓，人们自然会想起另一个人——孙膑。

庞涓出生于平民百姓之家，原本就是魏国人。孙膑是齐国人，出身名门，是春秋时期著名的军事家孙武的后人。孙武和伍子胥一起伐楚后就归隐了，所以他的子孙就成了一介布衣，孙膑自然也不例外。

那时候，诸侯国之间几乎天天打仗，打仗就要讲兵法。于是，兵法成了当时的热门。无论学识渊博的还是对兵法略知一二的，都争相开班收徒，讲授兵法。

孙膑和庞涓在这股潮流下，当然也是出自内心的喜欢，前去拜师学习兵法，他们老师是同一个人——鬼谷子。

在当时人的眼里，幽居深山的鬼谷子可不像那些为赚钱去办班的“半壶水”，而是一个半仙似的人物。他不光通晓兵法这一门学科，还是一个通才，门门会、样样精。孙、庞二人能拜到他的门下，算是上辈子修来的福气。

求学的日子总是单纯快乐的。两个意气风发的年轻人在兵法学习上都表现出了极强的天赋，也结下了深厚的友谊。

但是，庞涓和孙膑的求学目的似乎不同。庞涓是为了找一份好工作，从此飞黄腾达；孙膑则可能是内心向往自己的祖先孙武，也想成为一代兵法宗师。

有一年，当听到魏国国君以优厚待遇招揽天下贤才到魏国做将相时，庞涓再也耐不住深山学艺的艰苦与寂寞，决定下山，谋求富贵。

孙膑则觉得自己学业尚未精熟，还想进一步深造。另外，他也舍不得离开老师，就表示先不出山。

于是庞涓一个人先走了。临行前，他拉着孙膑的手说："我们兄弟二人情同手足。这一去，如果我能获得魏国重用，一定迎接孙兄共同建功立业，也不枉来人世一遭。"

两人长时紧握双手，依依不舍，最后洒泪而别。

到了魏国后，魏惠王在面试时问庞涓治国安邦、统兵打仗之计。庞涓倾尽胸中所有，滔滔不绝地讲了大半天，并保证说："若用我为大将，则诸侯国就在我的掌握之中。我可以随心所欲地统兵横行天下，战必胜，攻必克。魏国必成为诸侯之首，乃至最终一统天下！"

魏惠王被他慷慨激昂的语气和爆棚的自信打动了，觉得这真是个人才，便任命他为军师，执掌魏国兵权。

庞涓也确实不只是嘴上功夫，带兵打仗还真有一套。不久便率兵侵入魏国周围的诸侯小国，连连得胜，使宋、鲁、卫、郑的国君纷纷来到魏国朝贺，表示归附。

不仅如此，庞涓还领兵打败了当时很是强大的齐国军队。这一仗更提高了他的声威与地位，魏国君臣百姓都十分尊重他、崇拜他。庞涓自己也认为取得了盖世大功，不时向人夸耀，大有普天之下舍我其谁的气势了。

这期间，孙膑仍在山中孜孜不倦地学习。据说由于他为人诚挚正派，鬼谷子便把一些秘不传人的兵法悉数传给了他。因此，孙膑的才能已远远超过了庞涓。

有一天，魏国大臣来到孙膑学艺的山中，迎孙膑下山。孙膑以为是庞涓上奏魏王请他共创大业，很是高兴。但又顾恋自己的老师，不忍离去。鬼谷子劝他说：“学本领固然不为谋个人富贵，但若有为国家百姓效力的可能，还是应施展自己才能，你去吧！”

孙膑于是秉承师命，随魏国使臣下山。

其实，请孙膑到魏国，并非出于庞涓的推荐，而是一个了解孙膑才能的人向魏惠王讲述后，魏惠王自己决定的。

看到孙膑来到魏国，庞涓表面表示欢迎，但心里很是不安、不快，唯恐孙膑抢夺他一人独尊独霸的位置。又得知自己下山后，孙膑的学问才能已高于从前，更是十分嫉妒。

第二天两人上朝。魏惠王对孙膑说：“听闻先生才能非凡。我盼星星盼月亮，终于把你盼来了。今天见到先生，真是我魏国之幸！”接着问庞涓：“我想封孙膑为副军师，与卿同掌兵权，卿以为如何？”

庞涓心里难受至极，表面上却说：“臣与孙膑，同窗结义，孙膑是臣的兄长，怎么能屈居副职，在我之下呢？不如先拜为客卿，待建立功绩，获得国人尊敬后，直接封为军师。那时，我愿让位，甘居孙兄之下。”

魏惠王觉得庞涓真是个实在人，便同意了。

其实，这不过是庞涓防范孙膑与他争权的计谋：客卿，半为宾客，半为臣属，自然没有实权，只空享一种较高的礼遇而已。

此后，二人倒也相安无事。

一次，两人谈论兵法，庞涓时时因学识粗浅而无话可答，而孙膑却诚心诚意为他讲解介绍。庞涓得知是孙膑学过《孙子兵法》所致，就故意叹气自责：“愚弟当年也经先生传授，但近年忙于政务，几乎遗忘了，能不能把孙子兵书借我复习一遍？”

“此书经先生讲解后，只让我看了三天，就收了回去，并无手本在此。”孙膑诚恳地说。

“孙兄还能记起书的内容吗？”庞涓问。

“基本能背下来。”

“孙兄真是记忆超群。”庞涓原本想让孙膑告诉他内容，但一时又不好开口，只好以恭维搪塞过去。

一天，魏惠王想试验一下孙膑的才能，就在演武场让孙、庞二人表演阵法。庞涓之阵，孙膑一眼就能看懂，并指出如何攻破。而孙膑排成一阵，庞涓却茫然不识。为怕失面子，忙偷偷问孙膑，孙膑一五一十告诉了他。

庞涓听罢，赶忙走到魏惠王面前说："这叫八门阵，又可以中途变为长蛇阵。"

待孙膑布置完毕来到魏惠王面前，所回答自然与刚才庞涓所说一样。

"二位爱卿真是才能卓越，真乃魏国大幸！"魏惠王十分高兴。

但庞涓经过这事，更有了一种危机感。于是下决心，必须除掉孙膑！否则，日后必然屈居其下！

可如何除掉呢？总不能一刀割下他的脑袋吧。他想了想，突然心生一计，便在一次私下聚会时问："孙兄宗族都在齐国，现在我们二人已在魏国为官，为什么不把家属宗族也接来一起享福呢？"

庞涓的话触动了孙膑内心的柔软处，他的眼泪止不住地掉了下来："天灾战乱，我家亲属宗族早消亡殆尽了。当年，我只是由叔叔和两个堂兄带到外地流浪。后来，我被放在一人家当佣工，叔叔、堂兄也不知去向了！再后来我单身师从鬼谷子先生，已多年没跟故乡、亲人联络，连仅有的叔叔、堂兄怕也已不在人间了吧！"

"那么，兄长就不想念故乡吗？"

"人非草木，孰能忘本？只是现在既已做了魏臣，这事就不必提起了吧。"孙膑有些伤感地说。孙膑是齐国人，而齐、魏两国一直敌对，所以孙膑只有隐忍思乡之情。

"兄长说得有理，大丈夫随处都可立功，又何必非在故土？"庞涓安慰说。

一晃大半年过去了，孙膑早把他和庞涓的这次谈话忘记了。忽然有一天，有位山东口音的男子来找他，说自己是齐国人，有孙膑堂兄孙平的书信带来。

孙膑忙接过信。信中以孙平口气，讲述了兄弟情谊，然后说叔叔已去世，堂兄两人已回到齐国。希望孙膑也回到故乡，把几近消亡的孙氏家庭重新建立起来。信中语气恳切、情感深重，表达了盼望孙膑早日归来的殷切之情。

孙膑边看边流泪，然后写了回信请来人带回去。信中说，自己十分思念故乡，但目前已成为魏国臣子，不能很快回去。待为魏国建立了功勋，年老后，一定与堂兄在齐地故乡相聚，欢度晚年。

其实，这是庞涓设的一条诡计。这位送信人是庞涓的一个心腹家人。庞涓骗到孙膑回信后，仿其笔迹，在关键处涂改了几句，让这封信的意思变为："仕魏乃不得已，不久一定回国，为齐王效力！"

然后将此信交给魏惠王，说："孙膑久有背魏向齐之心，近日又私通齐国使者。臣为忠于大王，忍痛割舍兄弟之情，现截获孙膑家信一封，请大王过目。"

"你看该如何处理为好？"魏惠王问。

"孙膑才能不输于我，若放他归齐，将对魏国霸业不利，所以……"庞涓没说下去。

"杀掉他？"魏王一语道破。

"我与他毕竟是同学、兄弟，还是让我再劝劝他。要同意留下来，最好；若不想留，仍要归齐与我国为敌，请大王把他发到我府中，由我监管、处置。您看怎么样？"庞涓一副为朋友尽情尽义的神色。

魏惠王虽气恼孙膑，但在庞涓请求下，还是同意了。

庞涓当晚见到孙膑："听说兄长接到了家书？"

孙膑诚恳地说："是，要我回乡。可我怎能辜负魏王及兄弟待我的深情？让我辞掉了。"

"兄长真的不想念故乡？"

"久别故乡，怎能不想？只是目前不能回去。"孙膑叹道。

庞涓深表同情，说："兄长是不是请魏王准一两个月的假期，让兄长回乡扫扫亲人之墓，然后再归来？"

"恐怕魏王会怀疑我去而不归，不会答应的。"

"兄长明天试试看，我在旁边为兄长再说几句。以兄长为人品行，大王会相信的！"庞涓把握十足地说。

孙膑很感动："全仗贤弟促成了，一旦扫墓归来，我一定全身心报效魏王！"

告别孙膑，庞涓连夜进见魏惠王。他假惺惺地说："臣奉大王之命劝他回心转意，但他不但不改，反怨恨大王。他明天还要当面以请假为名，要求回齐国！我真是爱莫能助了！"说完一脸痛惜的表情。

第二天，孙膑上朝，见庞涓不在，以为他因事耽搁，就先对魏惠王说出要请假回齐之事。不料刚一开口，魏惠王就大发雷霆，也不容孙膑解释，立刻令武士把他抓起来，押到军师府问罪。

见孙膑被捆绑进军师府，庞涓假装吃了一惊："我不过因事耽误一会儿，发生了什么事？"

押解官员回答说："孙膑私通齐使，要叛魏投齐，请军师问罪！"

庞涓急忙安慰孙膑说："不要着急，我去魏王面前替你求情去！"

见到魏惠王后，庞涓眼中带泪地说道："大王，孙膑虽有私通齐使之罪，但罪不至死。以臣愚见，不如让他成为不能行走、面有罪记的废人。这样，既成全我们兄弟的情分，又绝了后患。您看怎么样？"

魏惠王点点头："就这么办吧。"

回府后，庞涓含着眼泪对孙膑说："大王盛怒，判兄死罪。我力争苦求，才免于一死，但要受刖刑和黥面。"说罢，痛哭不已。

孙膑叹了一口气："贤弟不必自责，愚兄命该如此。还好，总算保住了性命，这全赖贤弟救助愚兄了，以后我定要报答的！"

庞涓掩面痛哭一会儿后，跑出大厅叫来行刑的刽子手。他们把孙膑按在地上，用尖刀剜掉孙膑的两个膝盖骨。孙膑惨叫一声，立刻昏了过去。接着，刽子手又在他脸上用黑墨刺上"私通敌国"四字。

这时，庞涓泪流满面走进来，亲自为孙膑上药、包裹，把他抱进卧室，百般抚慰，无微不至地照料。

数月之后，孙膑伤口基本愈合，但再也不能走路，成了一个废人。

此后，庞涓对孙膑更是百般关怀，侍奉得极其周到。这倒使孙膑很是过意不去，总想尽自己所能为庞涓做点什么。开始庞涓什么也不让他干，后来孙膑再三要求，庞涓才说：“兄坐于床间，就把《孙子兵法》十三篇及注释讲解写出来吧。这也是对后世有益的善事，也可使吾兄扬名万代千秋呢！”

孙膑高兴地答道：“好！”

此后，他夜以继日地在竹简上写起来。由于太过废寝忘食，以致人都劳累变了形。

有个照顾孙膑起居的仆人为孙膑拼命工作的精神所感动，便对庞涓一贴身侍卫讲，是否求庞将军让孙先生休息几天？

那个侍卫说：“你知道吗？庞将军只等孙膑写完兵书，就要饿死他呢！还让他休息？做梦吧。”

仆人大吃一惊，觉得庞涓做事太过残忍，便偷偷把这消息告诉了孙膑。犹如一盆凉水从头浇下，孙膑身心一下子凉透了！原来如此！原来如此啊！

怎么办？绝对不能便宜了这厮！孙膑冷静下来，想出了一个办法。

第二天一早，孙膑装着像从前一样奋笔疾书。写着写着，他忽然大叫一声，昏倒在地。接着大呕大吐，两眼翻白，四肢乱颤。过了一会儿，醒过来后，却神态恍惚，无端发怒，竖起眼睛大骂：“你们为什么要用毒药害我！”一边骂，一边推翻了书案桌椅，还抓起好不容易写成的部分《孙子兵法》，一齐扔到火盆里。立时，烈焰升起。孙膑又装着要救书的样子，一面大叫着“我的书，我的书”，一面扑向火盆，以致头发胡子都烧着了。

人们慌忙把他救起，他仍神志不清地又哭又骂。那些书简则已抢救不及，化成了灰烬。

侍卫连忙向庞涓报告。

庞涓急匆匆跑来后，只见孙膑满脸污秽之物，脏不忍睹。忽然，孙膑爬到庞涓面前，忽而磕头求饶，忽而呵呵大笑，嘴里不断地说着：“有鬼，有鬼！先生救我！鬼谷子先生救我！”

“孙兄，我是庞涓，不是鬼谷子先生，你认错人了！”

“先生，先生！我要回山，救我回山！”孙膑忽然揪住庞涓的衣裤，一边擦着脸上的污秽，一边大叫。

庞涓甩开孙膑脏兮兮的手，仔细打量孙膑半天，心有疑惑地问仆人和卫士：“他怎么突然这样了？谁对他说什么了？”

侍卫和仆人都摇摇头。

庞涓仍然怀疑孙膑是装疯，就命人把他扔到猪圈里。孙膑似全然不觉地在猪圈的泥水中翻滚,时而哭时而笑,还一把抓住猪粪往嘴里塞……看管的人都看不下去，悄悄跑开了。

庞涓还不放心，又派人在夜晚悄悄送食物给孙膑，说：“我是庞府下人，深知先生冤屈，实在同情您。您悄悄吃点东西吧，庞将军不会知道的！”

孙膑一把打翻食物，眼睛直直地盯着来人大骂：“你是鬼，你是鬼！又要毒死我吗！”一边骂一边打他。

来人气极，就捡起猪粪、泥块给他。孙膑接过来一边往嘴里塞，一边也往来人嘴里塞,嘴里还不断说着:“好吃,好吃！你也吃,你也吃……”

来人气急败坏地回去报告庞涓：孙膑是真疯了！

庞涓这才有些相信。

此后，孙膑满身粪水到处乱爬，有时睡在街上，有时躺在马棚、猪圈里。也不管白天还是黑夜，困了就睡，醒了就又哭又笑、又骂又唱。

庞涓终于放下心来，但仍命令，无论孙膑在什么地方，当天必须向他报告。

这时，真正知道孙膑是装疯避祸的只有一个人。这个人就是当初了解孙膑的才能并向魏惠王推荐孙膑的人。他就是赫赫有名的墨子。

墨子来到齐国，把孙膑的境遇告诉了齐国大将田忌，又讲述了孙膑的杰出才能。田忌把情况报告了齐威王。齐威王也是爱惜人才之君，当即要求田忌无论用什么方法，也要把孙膑救出来，为齐国效力。

于是，田忌专门派出人员来到魏国。乘庞涓不注意，在一个漆黑的夜晚，先用一人扮作疯了的孙膑把真孙膑换出来，然后快马加鞭载着孙膑逃出了魏国。到这时，假孙膑也突然失踪。

待庞涓发现时，已经晚了。

善恶到头终有报

善有善报，恶有恶报。庞涓临死前，一定后悔自己忘了这句话……

孙膑到了齐国后，齐威王爱惜其才，也同情其遭遇，因而十分敬重他。田忌对他更是礼遇有加。

在此期间，发生了一个流传至今的美妙故事：

故事说，孙膑来到齐国后，君臣间常以赛马赌输赢为乐。田忌因自己的马总不及齐威王的马，经常比输。有一次，孙膑目睹了齐威王与田忌的三场赛马之后，对田忌说："明日再与齐王赛马，可下大赌注，我保您赢。"

田忌一听，当即与齐威王约定赛马，并一注千金。第二天，观众达千人。只见齐威王的骏马耀武扬威，十分剽悍，田忌有些不安，问孙膑："先生有什么办法，使我一定取胜呢？"

孙膑说："齐国最好的马，自然都集中在大王身边。我昨天看过，赛马共分三个等级，而每一级的马都是您比大王稍逊一筹。若按等级比赛，您自然三场皆输。但我们可以这样安排：以您第三等的马与大王一等的马比赛，必然大输。但接下来，以您一等马与大王二等马，以您二等马与大王三等马去赛，就可保证胜利。因此从总结果看，二比一，您不就获胜了吗？"

田忌一听，恍然大悟，连声高呼："先生高见，先生高见啊！"于是按孙膑的话去做，果然赢了齐威王千金。

这下齐威王就纳闷了，因为以前田忌从来没赢过。他就怀疑田忌偷偷给马吃了兴奋剂什么的。齐威王当然不是一个输不起的人，但总不能输得不明不白吧，于是齐威王决定好好问问。

齐威王一问，田忌就一五一十地把孙膑怎么算计齐威王的事说了出来。被坑了赌金的齐威王不但不生气，反而鼓掌大笑道："确实是个人才，必须重用！"

就这样，孙膑成为齐国的军师，开始在战国舞台上崭露头角，大显身手。

按说孙膑在齐国受重用跟庞涓没什么关系，你做你的魏官，我当我的齐将，井水不犯河水。孙膑就是想报仇也找不到机会。可是，如果庞涓自己要找死，那就谁也拦不住了。

相比爷爷魏文侯，魏惠王确实差点儿火候。他虽然不乏雄心壮志，但大局意识不强。魏文侯是因为团结了赵国和韩国，才能专心致志地攻打秦国，成就了一番霸业。魏惠王却一心想统一三晋，结果四处树敌。

公元前 354 年，魏惠王派庞涓率五百辆战车攻打赵国。这时的赵国很不经打，再加上庞涓指挥有方，魏军长驱直入，包围了赵国的都城邯郸，眼看着就要把赵国给灭了。

在这危急关头，赵国国君急忙派人前往齐国求救。齐威王不想看到魏国一家独大，就让田忌做大将、孙膑做军师，率军八万去救赵国。

出兵之前，田忌和孙膑开了个军事会议。田忌的意见是火速前往邯郸，跟庞涓决战，孙膑则另有想法。

孙膑对田忌说："眼下形势错综复杂，邯郸离齐国远，离魏国近。庞涓的军队骁勇善战，咱们千里奔袭，人家以逸待劳，这种事最好不干。看魏国这次的阵势，是铁了心要吞并赵国，肯定会派出精锐主力。那么，魏国国内的防守必定空虚。咱们应该乘虚率兵扑向魏国，伏兵中道。如此一来，魏军主力必然会放弃攻打邯郸，回师自救。这样不但可解邯郸之围，达到了救赵的目的，还可以趁魏军长途跋涉、疲于奔命，抓住战机，给他们致命一击。”

田忌同意了孙膑的看法。

为了不让庞涓察觉这个计划，孙膑还使了障眼法，先派出一支军队去打齐、魏边境的一座城市，而且下令只许失败不准成功。等这支军队惨败回来后，孙膑又让一支装备得不好的小部队，似要直奔魏都也打败仗。

庞涓见齐军连遭“惨败”，就认定他们没有多强的战斗力，彻底不把他们放在眼里，一心一意地集中兵力猛攻邯郸。

在付出惨重代价后，魏军终于攻克了邯郸。可就在庞涓陶醉于胜利之时，魏惠王派人告急，说齐军正以精锐之师进逼。你们要再不回来救场，咱们的老巢就得给人端了。

庞涓刚刚拿下邯郸，正得意忘形呢。一听齐军大进，瞬间就蒙了，也顾不得休整军队，更顾不得将士们疲惫不堪、伤痕累累，当即下令日夜赶路回救。

庞涓做梦也没有想到，齐军主力早就在庞涓回师的必经之路桂陵埋伏好了。数万齐军以逸待劳，等着给魏军当头一棒。

当庞涓心急火燎地率军渡过黄河，赶到桂陵时，休整了好几天的齐军，突然如潮水般从四面涌了过来。魏军在邯郸打了很长时间的仗，路上又不停赶路，战斗力严重下降，根本不是齐军的对手。

最后，只有庞涓带着少数残兵败将突出了重围。这就是中国历史上著名的“桂陵之战”。孙膑的围魏救赵的策略，也成为中国古代战争史上一个著名的战例。

经由桂陵之战，孙膑终于报仇雪恨了。

此后大家相安无事，孙膑和庞涓也就没有了交集。不过，他们这对冤家是注定不会就此完结的。

公元前 344 年，魏惠王与几位诸侯在逢泽会盟称王。他因为韩国没有派人参加而愤怒不已。

魏惠王咽不下这口气，后来便派太子申和庞涓率大军进攻韩国，企图一举将它灭亡。

在魏国大军的攻势下，韩国抵挡不住。很快，魏军兵临韩国国都，韩国国君没办法，只得派人去齐国求救。

此时齐威王已去世，继位的齐宣王急问众大臣：救还是不救？

大臣邹忌主张：不救。让这两邻国自相残杀，于齐国有利。

田忌等人极力要求去救。理由是，不救，一旦韩国被魏国吞并，魏国国力大增，到时再进攻齐国。那齐国就危险了！

只有孙膑含笑不语。

宣王问他该怎么办？孙膑说："这两种意见都不好。我们应该'救而不救，不救而救'。"

众人面面相觑，不知何意。

孙膑解释说："不救，则魏灭韩，必危及我国；救，则魏兵必先与我军开战，等于我们代韩国打仗，韩国安然无恙，但我国无论胜败，都要大伤元气。所以这两种意见都不是很好。我认为大王应采取这种方针：答应救韩，以安其心，韩国必然竭力坚持与魏国死战。等到两国都疲惫不堪，马上要分出胜负时，我们再出兵攻击魏军。这样，攻击已筋疲力尽的魏军，不用大力；解救已快失败的韩国之危，他们也必定感激。少出力而建功多，不更好吗？"

宣王一听，不禁竖起大拇指夸道："太好了！"便命田忌、孙膑统兵，伺机救韩。

等到韩、魏两国已打了一段时间后，齐军又按孙膑的策略：不救韩，偷袭魏国。

庞涓闻讯后，气得暴跳如雷，大骂孙膑太过狡猾，发誓要与齐军决一死战，于是气冲冲地回师迎战齐军。孙膑得知后，制止了田忌直接迎敌的打算。

田忌不解："以逸待劳，不是上次成功战法吗？"

"此一时彼一时也。此次庞涓要打败我的决心坚定，军队的气势正旺，若正面交锋，我军纵胜，损失亦大。不如如此这般……"孙膑小声说出计策。

田忌依计而行。

等庞涓率兵赶回时，齐军早已撤离。庞涓决心与孙膑拼个你死我活，拼命追击。追击前，他派人去数齐军营垒中的灶迹，一听竟有十万之多，吃了一惊："齐军人多，我们不可轻敌！"待追了一天，再数齐军遗下灶迹，只剩五万了。庞涓大喜："齐兵厌战，逃亡过半了，快追！"第三天，齐军只有三万个灶了。庞涓再也抑制不住心中的激动，下令："不顾一切，尽快赶过去，务必活捉孙膑！"自己更是披甲执戈，亲自率二万精兵，日夜兼程追击齐军。

再说孙膑，在计算好日程、地点后，决定在马陵道设下埋伏。

马陵道，是夹在两山间的峡谷，进易出难。孙膑让人在道中一棵大树上刮下大片树皮，用墨写上六个大字："庞涓死此树下"，然后在附近安排五千弓弩手，并命令："只看树下火把点亮，就一齐放箭！"

庞涓赶到马陵道时，天已黄昏。士兵报告说："前面有断树乱石堵住道路！"

庞涓大喜："这说明敌军畏惧，马上要追上他们了！快，冲进去！"说罢，一马当先，率部队冲入峡谷。

正快速前进，忽然被一棵大树挡住去路，隐约见到树身有字迹。此时天色已黑，无星无月，冷风飕飕。庞涓令人点亮火把，亲自上前辨认树上的字。等到看清，庞涓大惊失色："我中计了！"话音未落，一声锣响，万弩齐发，箭如骤雨，把魏军全部射成了刺猬。

庞涓眼见败局已定，仰天长叹道："吾恨不杀此刖夫，遂成竖子之名！"说罢，便拔剑自刎了。

齐军乘胜追击，魏军全军覆没，连统帅太子申都成了战俘。这就是历史上著名的"马陵之战"。

马陵之战后，魏国元气大伤，国势从此一蹶不振，失去了霸权。它西边的秦国，则看到了争霸的机会。

一场新的争锋，又将上演。

第十章

血雨腥风变法路

良禽择木而栖

就在孙膑和庞涓忙着斗智斗勇的同时，魏国的邻居秦国也即将进行一场意义深远的大运动……

自从在魏文侯的年代被魏国打败后，秦国就数十年未能缓过劲来。

公元前362年，秦孝公继位为国君。

此时，原属秦国的河西之地（今山西、陕西两省间黄河南段以西地区）还在魏国手里。秦国基本上无险可守，魏国等于把刀尖顶到了秦国的鼻子上。中原诸侯更是再也不把他们眼中的这个位于西北的落后邻居放在眼里。有什么重要的会议，也从来不邀请秦国参加。

秦孝公郁闷得要死。痛定思痛后，他明白，强大才是一个国家受尊重的资本，于是一门心思扑到国家的治理上。

可是，秦孝公无论有多能干，一个国家光靠他一人来治理也肯定不行。用我们今天的话来说，人事、劳动、安全、民政、教育、卫生……哪摊子事儿不得找人专门负责呢？但这又是一个最大最现实的难题，秦国一般人不缺，就是缺能挑大梁的人才。

当时人才集中的国家主要有两个，一个是齐国，一个是魏国。秦孝公是个聪明人，他当然知道这是由于两国经济繁荣、国力雄厚，对人才具有强大吸引力所致。

为了改变秦国的不利因素，秦孝公特意发布了著名的《求贤令》，广招人才。在《求贤令》中，秦孝公把要求、待遇等都写得一清二楚，而且开出的待遇翻了几倍。

而且，秦孝公还放出话来，说只要有人能让秦国强大，除了国君的宝座，其他的要什么给什么。当然，就算他真这样，估计敢都要的人也没几个，但由此可以看出他的决心和诚意。

如此一来，前往秦国应聘的人自然络绎不绝。然而经过几个月的面试筛选，秦孝公依然没有发现自己需要的人才，这让他相当焦虑。整天茶不思饭不想，就跟得了相思病似的。

就在秦孝公对顶尖人才望眼欲穿的时候，一个叫商鞅的年轻人被手下推荐过来。

商鞅原名公孙鞅。因为他是卫国宗族的旁支，有着贵族血统，所以也被称为卫鞅。

商鞅是法家学说的忠实信徒，而且造诣颇深。他原本在魏国打工，服务对象是魏国的相国公叔痤。公叔痤非常赏识商鞅，让他当相国府的大管家。商鞅理财能力超群，把相国府管理得井井有条。

公叔痤去世前，大力向魏惠王推荐由商鞅来接替他的职务。然而心高气傲的魏惠王根本就没有把小小的商鞅放在眼里，没有答应。

公叔痤又建议魏惠王，那就干脆把商鞅杀掉，以免他去到别的国家，将来危害魏国安全。魏惠王也没有答应。

就这样，魏惠王既不重用商鞅，也没有杀掉他。

商鞅觉得自己虽然在魏国衣食无忧，但每天浑浑噩噩地活着，没有什么光明的未来，很没意思。刚好在这个时候，秦孝公招贤纳士的消息传来。于是，在公叔痤去世后，商鞅收拾好行囊，风尘仆仆地赶赴秦国碰运气。

商鞅的政治主张是限制贵族，扩大王权。他知道自己如此离经叛道的主意，若是被秦孝公手下那些负责面试的贵族知道，肯定会被扫地出门。所以，他得想个办法，单独见国君。

为此，初来乍到的商鞅每天天一亮，就开始在秦国都城内四处转悠，直到日暮而归，以图搜集一些有用的信息。

功夫不负有心人。商鞅很快就从别人口中得知，秦孝公每次喝酒玩乐时，身边必定有一个叫景监的人侍候着。

那就从景监下手吧。

景监是个宦官。通常来说，宦官的心理大多不太健全，所以想搞定他们不是很容易，但是商鞅成功了。至于他究竟用了什么法子，不得而知。总之，景监把他引荐给了秦孝公。

不过一开始并不顺利。

第一次面见秦孝公的时候，商鞅讲的是帝道。他从盘古开天、女娲造人一直说到三皇五帝，啰啰唆唆讲了大半天，搞得秦孝公心里很烦，根本没心思听下去。

商鞅前脚刚走，秦孝公后脚就把景监叫来臭骂了一顿："你从哪儿给我找了一个话痨来？他废了那么多话，哪一句对治国有帮助啊？"

不过秦孝公确实是太想得到人才了，因此还是给了商鞅第二次面试的机会。

这一次商鞅似乎学乖了。他不再跟秦孝公讲那些冗长的历史传说，而是讲王道。讲商汤如何礼贤下士，周公如何辅佐武王建立周朝、分封诸侯，等等，讲得津津有味。可惜秦孝公仍然对这些不感兴趣，听着听着竟然睡着了。

商鞅走后，景监自然又免不了挨一通骂。他回过头来，又把商鞅骂了一顿。

商鞅就像一个犯了错的小学生，站在景监面前，一句话也不说。直到景监骂完了，才轻声细语地跟他解释："这两次谈下来，你们家君上是个什么水平我已经摸透了。如果下次再见面，我就知道该说什么了。而且，我敢保证，他一定会听进我说的话。"

就在景监琢磨着是不是挑个好时机再游说一下秦孝公时，孝公却主动要求和商鞅见第三次面。估计是孝公仔细琢磨了几天后，认为商鞅虽然没有多了不起，但还是有点意思的。事不过三嘛，好歹再给他一次机会，看看有没有惊喜。

果然，到了第三次会谈时，商鞅谈的内容和前两次的都不一样，他开始讲霸道。

“大王，商鞅虽然才疏学浅，但也仔细研究过历代霸主，发现他们没有一位是因循守旧的。想想看，如果祖宗之法确实管用的话，那祖宗们早就称王称霸，无敌于天下了，还会让后人忍饥挨饿，受别国的欺负吗？所以，我们必须大胆抛弃旧思维，通过变法，找到一条真正能富国强兵的新路子，从而实现自己的称霸理想。”

一听到“称霸”两个字，秦孝公就像一个在黑暗中摸索的人，突然发现了前方的光明。他眼睛一亮，语带迫切地几乎叫起来：“讲，讲，请先生仔细讲下去！”

眼见秦孝公的情绪已经被自己激发起来了，商鞅赶紧趁热打铁，继续侃侃而谈。他从齐桓公当上齐国国君开始，一直谈到楚庄王显威洛阳，也就是春秋五霸的那些事儿。

秦孝公越听越有精神，商鞅越说越激动。就这样，他俩一宿没睡，一直聊到天亮。

后来二人之间又有多次的促膝长谈。商鞅将自己最擅长的法家思想，也就是如何行“霸道”，向秦孝公倾囊相授。

秦孝公的心里其实非常明白，在和商鞅前几次的谈话中，他对商鞅所讲的那些以仁政为核心的帝道、王道，也颇为认可，但他心里同样也很清楚，在当前的时代，大家拼的就是一个实力。帝道和王道虽然可以获得长久的效益，但是见效太慢。没等你把仁政推广下去，你的国家可能就被灭掉了。因此，在如今的情势下，他选择施行霸道。

由此可以看出，秦孝公也是一个既有着远大眼光又讲求实际的杰出政治家、君王、统帅。虽然称霸诸侯、统一中国的谋划，不一定就是在商鞅和他之间的几次谈话中确定下来的，但他们都深谙此中的利害，是确定无疑的。

秦孝公和商鞅在改革方向上达成一致后，旋即任命商鞅为左庶长（掌握军政大权的官），全面统领变法工作。

一场轰轰烈烈的大变革就要开始了。

终于一展身手

有了一展身手的舞台后，商鞅开始在政治、经济、军事、文化等领域推行大刀阔斧的改革……

商鞅成为主持变法的左庶长后，新的各项法令很快就被制定出来，但商鞅并没有立马公布这些法令。

商鞅知道，还需要采取一些措施来刺激一下百姓……

一天上午，商鞅在大街上为变法的正式开始举行了一场发布会。这次变法可是大动作，所以时辰未到，大街上就挤满了人。然而人们左等右等，主角商鞅却没有来，只见工作人员把一根长棍搬到台下立了起来。

围观的人群觉得很奇怪，拿根棍子干什么，难道还有猴子爬杆之类的娱乐节目现场助兴吗？大家正纳闷着呢，只见一行人簇拥着正当盛年的商鞅过来了。

商鞅的身后跟着一个属下，他手里托着一个盘子，盘子里放着黄澄澄的赏金。

这盘赏金的出现，一下就吊起了围观众人的胃口。这时，商鞅清了清嗓子开始讲话。他从自己的早期经历，讲到自己投奔秦国的目的，又讲到他变法的目的……等大家都听得开始不耐烦的时候，他大声宣布道："你们不想听了是吧？好，我也不讲了，讲多了白费口舌。咱们就来点实惠的，谁能把这根木头搬到北门，赏十金。"

大家一听这话，纷纷交头接耳，窃窃私语：

"这话真的假的？这么一根木头，谁都能搞定，这不等于白送吗！"

"大人这话可是当众说的，朝廷说的话应该不会不算数吧！"

"也没准儿，不会是想看咱们小老百姓的笑话吧？"

“估计是吧，搬完了不给钱，还不被人笑话死！”

……

半天过去了，商鞅一看，居然一个人也没去搬，于是他将赏金升为二十金。大家又是一阵窃窃私语，但还是没人动。

局面就这样僵持了一会儿，商鞅觉得有些站不住了，感觉自己快变成猴子被人耍了。于是他豁出去了，将赏金升为五十金。

这么一来，站不住的变成围观人群了。这可是五十金啊，实打实的五十金，一辈子都用不完！虽然怀疑，但凡事总有例外吧，万一这次是真的呢？

于是众人你推我、我推你，推了半天终于走出来一位青年壮汉，弯下腰扛起这根木头，径直走向了北门。

这件事对壮汉来说很轻松，没一会儿就扛到了北门。就在众人等着看热闹时，商鞅二话不说就把装着五十金的盘子送到了他面前。

大伙儿都看傻了，只恨世上没有后悔药。

这时，商鞅隆重宣布说：“大家都看到了吧？从今以后，凡是官府叫你做的事，你做好了，就有奖赏；凡是官府禁止做的事，你偏要做，就要处罚，严重的要掉脑袋。明天，国君要公布一批新法令，只要大家严格遵守，就都有获得赏金的机会。”

这就是历史上著名的“立木为信”故事。商鞅通过这件事，巧妙地树立了朝廷的公信力。

朝廷有了公信力，法令的施行就很顺畅。商鞅开始从政治、经济、文化等方面推行大刀阔斧的改革。其主要内容大致包括以下这些：

一是废井田、开阡陌与推行县制。这些变法措施在历史上的影响既深且远。

由于当日井田制的弊端已严重阻碍了生产力的发展，因此商鞅采取与管仲和李悝不太一样的措施，那就是干脆彻底废除了它，即“废井田”。为此，商鞅推出配套规定，以前土地不允许买卖，现在地是自己的，可以买卖。

开阡陌是与废井田一起施行的。也就是把土地之间的边界标志拿掉，开为田地，几块地整合成一块地。本着方便耕作和集约化原则，把土地重新进行划分，做到一清二楚。

应当说，“废井田、开阡陌”是商鞅变法中最具革命性的一条。土地也成为一种商品，可以买卖，极大地鼓励了农业生产，推动了社会的进步。

与废井田、开阡陌并行的变法措施是推行县制。把从前具有分权味道的分封制，变成了具有集权味道的县制。

“县”，在《说文解字》中的解释，是“悬于边陲”的意思，也就是处于国家的偏远之处。由于偏远，没有贵族愿意前往，只好由中央委派一个官吏在此管理。

秦国很早就开始设置县了。秦献公时增设了四个。这次变法，商鞅一口气设了三十一个县。

县制与废井田、开阡陌堪称绝配。以前贵族的封地是世袭的，封邑里的事儿国君管不着。现在，县的长官成了国君委派的，国君看他不顺眼就可以一脚把他踢走。这就把权力集中到国君的手里。

推行县制是秦国政治结构的一次根本性变革。每个县设置县令和县丞等官职统领全县的政事。县令是地方最高长官，县丞是县令的助手。所有的县令、县丞都由国君直接派遣和任命，于是秦国就完成了中央集权的官僚体制建构的历史任务，突破了传统的分封制，颠覆了“世卿世禄”这种世袭性质的贵族政治结构。

县制的推行在中国历史上影响巨大。秦始皇统一六国后，也沿袭了商鞅的做法，建立了中国历史上第一个高度中央集权的朝代，并绵延两千多年。

二是重农抑商，奖励耕织。中国古代向来有重农抑商的传统。人分士、农、工、商四等，商人的地位是最低的。

站在今天的角度看，重农抑商当然是不对的，但当时的情况是生产力水平低下，土地产出不足，推行这种政策，可以鼓励农民把主要精力和时间用于垦荒种地。

而且先秦时候的商业中很大一部分在当时是服务上层社会，跟普通老百姓的生活关系不大。那时候要想富国，粮食生产是最大的衡量指标。所以在当时施行重农抑商的政策，是有积极作用的。

三是统一度量衡。度是长度，量是容积，衡是重量。

商鞅变法前，秦国各地的度量衡并不统一。商鞅制造了标准的度量衡器，要求整个秦国统一执行。

统一度量衡是一件功德无量的事。它使官府和民间物资的收支、统计、买卖、调拨都比较方便，有利于各地经济交流，也有利于发展生产。

四是奖励军功，禁止私斗，颁行按军功受赏的二十等爵制。规定爵位从最高的彻侯到最低的公士一共二十等。其中，一到八是民爵，九到二十是官爵。

重赏之下必有勇夫。为鼓励士兵作战勇猛，商鞅规定国家的爵位按将士在战场上斩获敌人脑袋的多少来计算。每斩得一个敌人士兵的脑袋，赏爵一级。所以直到今天，书中还能看到首级这个词。愿做官的，任以年俸五十石的官职。官爵的提升与斩首级数相称。爵位从一级到二十级，越高享受的待遇、特权越优厚。有爵位的人，犯了法，还可以减免爵位以赎罪。

官职和待遇的获得一律取决于军功。过去的旧贵族，虽是国君的宗室族人，没有军功也不能获得爵位。不能靠出身就获得爵位、享受特权，这就严重打击了旧贵族的势力。但反过来，对普通百姓来说，却是一大激励。只要你作战勇敢，在战场上能杀敌立功，就能成为朝廷命官。

五是改革户籍，以民编为什伍，实行连坐法。百姓五家为一伍，十家为一什，一家有罪九家告发。隐匿者与叛国同罪，告发者与杀敌一样受赏。

连坐法在当时为新法的推进起到了一些震慑和促进作用，但商鞅一定没有想到的是，连坐法被后来的统治者奉为圭臬，成为“恶政”之一。

六是“燔诗书而明法令”。也就是一把火把以《诗经》《尚书》为代表的儒家书籍全部烧了，大家只要记住法令就行。

这项制度的推行对秦国的强盛和思想的统一固然有作用，但对文化的发展却是一场灾难。后来秦始皇统一中国后的“焚书坑儒”，也是发端于此。

七是禁止游宦之民。所谓“游宦之民”，指不守本业、游散求官的人。他们摇唇鼓舌，游手好闲，不事生产，商鞅认为必须加以禁止和打击。这一部分也是针对儒生的。这项制度的推行，对培养和提拔“耕战之士”有作用，但对后世有很大的负面影响。

此外，商鞅还规定了其他一些内容。比如，强调“以法治国”，要求官吏学法、懂法，百姓学习法律者“以吏为师”；轻罪重罚，强化法律意识，不赦不宥；强化中央对地方的全面控制，剥夺旧贵族对地方政权的垄断，等等。

应当说，在当时的条件下，经由上述改革措施，实现商鞅预定的变法目的是很有可能的。然而，好事总是多磨，很快商鞅就遇到了麻烦……

渭河一片血红色

两千多年前的一天，反对变法者的鲜血将渭河的水染成了一片赤红色……

实事求是地说，商鞅变法的受益者之一，是普通老百姓。对这些毫无根基和背景的人来说，只要你奉公守法，作战勇猛，就可能当官进入上层。因为“爵位面前人人平等”。

但对那些如老旧贵族之类的既得利益者，则是一种巨大的打击。因为他们再也不能无功受禄，要想继续享受从前的荣华富贵，就必须像平头百姓一样从头做起。这不等于要他们的命吗？所以，他们对变法表示出了最强烈的抗议。

领头的反对者是秦孝公的儿子太子驷。

太子驷的做法多少显得有些孩子气——他带着一帮贵族深夜高歌，公然挑衅商鞅颁布的宵禁的法令。

太子犯法怎么办？商鞅心里很清楚，如果睁一只眼闭一只眼，那么变法一定会前功尽弃。但是，要处罚太子，商鞅自问还没有这个能力。因此他思来想去，找出了一个折中的法子——追究太子的老师督教不严的责任。结果，太子的两个老师一个被割了鼻子成了残疾人，一个脸上被刺字毁了容。这件事虽然让新法得以施行，却为后来商鞅被杀埋下了伏笔。

然而以太子为首的贵族们的反击不过才刚刚开始，接下来的一幕更为惨烈。

事情的经过其实并不复杂。

某月某日，贵族祝懽的儿子乘坐的马车出了交通事故，把一个走路的平民撞死了。

祝懽是秦孝公的一个大臣，其祖辈皆在秦国为官，牢牢占据着从中央到地方的许多重要位置。祝家的门生故吏遍布国内。

这样一个人物在商鞅变法前撞死个平民，跟撞死只鸡没什么区别，大不了赔点儿钱就解决了。可是现在不行了，根据新法令，撞死人必须偿命。

祝懽当然不干！

执法官员也很为难。这祝大人的儿子比我们的命还值钱，我们怎么敢杀他？无奈之下，他们只好去请示商鞅。说左庶长，这规定是你定的，现在你看怎么办吧？

商鞅鼻子一哼，很简单，照规定办！

第二天，趁着祝懽外出办事的机会，商鞅亲自领着人冲进祝府，把祝懽的儿子从家中抓出来，然后以迅雷不及掩耳之势杀了。

祝懽很愤怒，当然他也只是愤怒而已，因为商鞅的背后站着一个人——秦孝公。

然而说来也怪，自打祝懽的儿子被处死后，秦国国内接连发生了一连串前所未闻的事件。

第一件事，是都城的粮食价格一夜之间突然暴涨，而且涨得离谱，远远超过一般人的承受能力。更奇怪的是，虽然粮食价格高，但几个月后居然没有了。也就是说，无论你出多少钱，都再也买不到粮食。

当时虽然不像现在的城市动辄几十万、上百万，甚至千万人，但是几万人总是有的，毕竟那是秦国的都城。人多，需要的粮食自然就多。现在市场上突然没有了粮食，人们的恐慌情绪可想而知。

随着恐慌情绪的蔓延，谣言也纷至沓来。有人说，秦国同魏国打了一仗，秦国失败了，粮食被魏国人抢走了；有人说，主要是由于气候干旱，几个月都没有下雨，庄稼歉收，导致粮食短缺；还有人说，国家用粮食和楚国做了交易，用来换取武器；当然，也有人说，那是因为粮食被朝廷藏起来了，准备过一段时间后，再高价出售。

总之，说法众多。说法越多，人们的恐慌情绪也就越高涨。

第二件事，是不知为何，秦国的儒生们在某一天突然都走上街头。他们纷纷发表演讲，说朝廷这样做不对、那样做不好，搞得现在整个国家，君不像君，臣不像臣，民不聊生，简直一团糟。

由于粮食的缺乏，许多人饭都吃不饱，自然都赞同儒生们的说法。一时间，那些不信奉儒家学说的人也加入儒生的行列，对秦国的各项制度指点品评起来。

第三件事，是好像有人组织似的，大约有四五百名贵族联名上书，要求秦孝公取消变法措施，重新按照以前的方法治国。因为，就连他们也吃不饱饭了。

我们知道，战国时期是贵族政治，因此秦孝公对贵族们的行动不敢怠慢，只能跟他们耐心解释。但是他发现，无论怎么解释好像都没有用。贵族们唯一的反应就是要求取消变法。

在贵族们眼里，国家强大与否关我何事？那是你秦孝公的工作，但抢走我的权力是不行的。当然，他们嘴上不会这么说。他们的理由是，如果任由商鞅胡作非为下去，国家将成为下层人士的天堂，将会变得越来越乱、越来越弱。一句话，国将不国。

后来，秦孝公大约是不耐烦了，就对贵族们发了脾气。说你们一点都不考虑寡人的感受，只知道打着关心国家的幌子，为自己谋私利。你们怎么一点觉悟都没有？

呵呵，说得这么冠冕堂皇，有意思吗？说白了，还不是为了维护你自己的统治。因此，贵族们不听他的话，继续闹。

第四件事，是一件更为恐怖的事。就在贵族们联名上书后不久，秦国都城突然冒出一种说法，说有些恐怖分子阴谋要杀死商鞅，更换国君。

事情闹到这一步，就不好玩了，因为游戏规则被打破了。

从前，不管怎么说，大家还没有撕破脸面。无论对变法的态度如何，毕竟都还举着爱国的旗子，谁也没有公开表示要对谁如何如何。

现在不同了，事件的发展已经超出了可控范围，必须采取措施了。

问题是，该采取什么样的措施呢？

“一定有幕后主使！我们必须先找出这个人才行。”商鞅肯定地说。

秦孝公也如是想。

那怎样找到这个在背后兴妖作怪的人呢？

商鞅说：“很好办。任何事情有果必有因，变法是个大原因，引起问题不可避免。但是，普通百姓的不安、疑惑在一般情况下都不足以促使他们公开同朝廷作对。敢如此这般的必定不是一般人，因为没有这个能量。我分析，组织者即使不是贵族，也必定是一个有着群众威望的人。并且，肯定发生了特别令这个人不能容忍的事，导致他不顾一切、肆无忌惮，放弃自己的前程去做这些极端冒险的事。”

商鞅见秦孝公没有反对，又接着说道：“秦国前一阶段虽然发生了很多大事，但最有名的还是祝懽的儿子驾车撞死人被砍了头。因此，组织者很可能是祝懽。”

秦孝公点点头：“这个可能性比较大。这样吧，你派人把祝懽找来，大家好好聊聊，别再闹下去了。何必呢，这样闹下去，对国家对个人都没有什么好处，让别人看笑话。”

“大王！”商鞅急切地说道，“事情都闹到这一步了，哪能几句话就劝过来？”

秦孝公自然知道商鞅的意思，但他不想把事情做绝，毕竟祝家世代有恩于朝廷，而且势力也不小。于是他派人去找祝懽来，自己亲自和他谈。

没想到，祝懽不但矢口否认自己策划了上述事件，而且还告诉秦孝公说，他曾无数次劝阻别人做有害于孝公和朝廷的事。不信您就去问问谁谁谁！并且，祝懽信誓旦旦地向孝公保证，他以前没有、今天没有、将来也不会做对不起孝公和朝廷的事。

秦孝公一下子就火了：“别以为你做的事没人知道！我这是看在你是国家老臣的面上，不忍心对你大刑伺候。没想到你如此顽固不化，你要再这样下去，我真没办法保你了。”

祝懽心想：哼，你现在说得像个圣贤之君，可是你让商鞅杀我儿子的时候，你的好心肠又到哪里去了？这些事情我不但不劝他们停止，我还会帮助他们搞得大些、再大些，我就不信你能把这么多人都给杀了。

看着祝懽头也不回地从宫中走出去，商鞅愤怒到了极点。“大王，把祝懽交给我处理吧。”商鞅请求秦孝公。

“可以。”秦孝公非常爽快地答应了。

第二天天刚亮，商鞅立即行动起来。他先是派人去了东边的市场，观察动静，看看街头混混们的表演。

接着，他贴出告示，鼓动民众踊跃揭发前段时间一系列事件的主谋。凡举报者，一经查实必有重奖；如有知情不报者，按连坐法惩处。

布置好一切后，他回到宫中，等待大幕降落。

重赏之下必有勇夫，何况还有连坐这把刀悬在头上。很快，商鞅就把祝懽策划所有事件的详细经过调查清楚了。

接到商鞅的报告后，秦孝公把处置权交给了他。

商鞅也不客气，立即以迅雷不及掩耳之势快速出击，把哄抬粮价、制造恐慌的商人和参与阴谋的贵族们统统抓入大牢。

祝懽当然跑不了。

接下来的事就容易多了。先是审讯，一用大刑，还有什么事情不交代的？

一切很快真相大白。

接下来，就是审判和行刑了。

这天，渭河河畔一片肃杀之气。商鞅当着成千上万的民众，宣读了对违法者的死刑判决，并下令立即执行。

在一片惨叫声中，参与哄抬粮价的商人被处死了。

参与谋反的贵族被处死了。

祝懽也被处死了。

当然，更多的是参与者的家属、亲朋和邻人。

当几百名反对者的尸体倒下时，汩汩而出的鲜血不断地流入渭河，渭河的水越来越红，越来越红。

从此，变法畅通无阻，秦国的实力也蒸蒸日上。

公元前340年，强大起来的秦国以商鞅为主帅，发动了对宿敌魏国的战争。

此时的魏国虽说实力已今不如昔，但也不是秦国三下五除二就能解决的。为此，商鞅决定以“奇谋”取胜。

当时，魏军的主帅叫公子卬，是商鞅早年间在魏国生活时的朋友。

两军交战前，商鞅给公子卬写了一封信。信中说：“光阴荏苒，人事难料。时时想起当年与公子相处的愉快时光，不料匆匆一别，竟已二十载。如今你我成为秦魏两军主将，我不忍心与你相互残杀，希望可以与公子当面相见，订立盟约。然后痛痛快快地喝几杯后各自撤兵，让秦、魏两国相安无事，让黎民百姓免遭涂炭。”

公子卬虽然年纪不小，职位不低，但他仍然很单纯、很天真，居然就相信了商鞅的话。

纯真虽然总体上说是一种美德，但有时候却会让自己吃亏。公子卬很快就为此付出了代价。

他毫无防备地来与商鞅相会，而且还喝了个半醉。就在他醉眼蒙眬的时候，突然冲进来一群士兵，把这位魏军主帅给活捉了。失去主帅的魏军就像一盘散沙，毫无悬念地被秦军杀了个大败。

最终，魏国将从前占领的河西之地的大部分还给了秦国，才换取了秦国的撤军。

战后，复仇成功的秦孝公在商於之地划了十五个县，奖励给商鞅作为封地。这就是从前的“卫鞅”“公孙鞅”被称为商鞅的由来。

自此，商鞅登上了人生的巅峰。

但是，盛极就要转衰，何况商鞅的双手早已沾满了鲜血。反对他的人都排成了长队，就等着跟他算账呢。

凄惨的结局

五马分尸是中国古代的一种酷刑，变法先锋商鞅，最终遭到了这样的惩罚……

公元前 338 年的春天，三秦大地仍然奇冷无比。就在这春寒料峭的日子里，秦孝公不幸离世。太子嬴驷宣布接位，是为秦惠王。

秦孝公一死，商鞅也就失去了他最大最坚固的靠山。那些仇视他的旧贵族就像春天的小虫又活跃起来了。他们对秦惠王说：“大臣权力太重，国家就危险。现在秦国的妇女和小孩，开口闭口‘商君之法’，却不讲大王之法。这样，商君反而是主上，大王反变成臣下了。这是很可怕的。”

还有人说：“商君是大王的仇敌，他曾要处罚大王，大王要好好对付他啊！”

从前竭力反对变法但一直被秦孝公打压的公子虔也出来活动了。他进宫见到秦惠王，说：“商鞅是个独断专行的人，一向不把大王看在眼里。他正在策划反叛！我的手下人得到了可靠的证据。”

秦惠王早就痛恨商鞅，听了公子虔的诬告后，明知那些所谓的“反叛证据”根本靠不住，但还是决定派人去逮捕商鞅。

自从秦孝公一死，商鞅的心里就一直惴惴不安。他不知道秦惠王准备怎样对待他，但他总觉得凶多吉少。他也曾收拾一些值钱的细软，做逃跑的准备。但又心存侥幸，希望秦惠王能考虑到他的功劳，让他继续任职。

逮捕的消息终于来到了！有人事先把这消息透露给了商鞅。商鞅慌忙带上家属和几个随从，赶着两辆马车出南门逃走。

大路是不能走的，商鞅一行专拣小路走。他的目标是向东，只要走到黄河，就能到达魏国。就这样，他终于听到了黄河的流水声。

河边没有船，又怕被官军看见，一行人只能偷偷摸摸地顺着河向南走。总算找到了一条小渔船，百般央求，船夫才同意把他送到东岸。

不幸的是，刚一下船就被魏国士兵捉住。“我是商鞅，特来投魏。请速告魏王，就说商鞅愿助魏亡秦。”

在河边抓到商鞅的魏兵，听偷渡者的口气很大，不敢怠慢，便把他押到魏军营中。

“你是商鞅？”魏将将来人上看下看、左看右看，看了个遍，方才疑惑地问道。

“正是。”商鞅回答。

“你不是在秦国封君了吗？好像封了商於之地十五邑。”

“是的，在下在秦国屡立战功。但秦国新王不义，商鞅愿将才智奉献于魏，定可使魏国复强，雄霸诸侯……”商鞅急切说道。

“呵呵，说得倒是挺仗义的，要帮我们魏国。可你是靠欺骗我魏国的公子卬封的君！那可是你从前的知心朋友啊！我们魏国人永远也不会忘记这件事。”魏将勃然变色地说道。

“您是将军，您知道打仗不仅是斗勇，而且要斗智、斗诈。仗打起来，我们各为其主，哪顾得了那么多！”商鞅理直气壮地辩解说。

“还一套一套的！那我问你，从前你要为秦灭魏，现在你又要为魏灭秦，那你知道你这种行为算什么吗？我告诉你，典型的有奶便是娘，本将看不起你！”

“将军此言差矣。”商鞅扯起他的三寸不烂之舌，侃侃而谈，“弱肉强食，当初周王分封八百多诸侯，而今还余多少？谁能笑到最后，要看谁善于用人，善于用像我这样的有用之才。而有用之才属于全天下，并非哪家诸侯专有。士为知己者死，合我意者，善用我者，我便为之服务，无论强国弱国。何谓有奶便是娘？”

商鞅的一番话说得魏将无言以对。但他沉默片刻后还是毅然决然地说道：“我不知道你说的这些有理无理，但有一句话我一定要告诉你，魏军将士是不会留你的，因为他们永远不会忘记公子卬。”

听魏将这么一说，商鞅想起来了，就在他抓住公子卬没多久，公子卬因难以接受这个现实自杀了。为此，商鞅也难过了好久。

看来，留在魏国是不可能了。“那好，请将军送我到别国，韩国、楚国均可。”商鞅又提出新的要求。

“你倒想得美！本将会因为你这样一个无情无义之人去得罪强秦？”他转身命令道，“快去找条船，送他过河，从哪里来回哪里去！”

就这样，商鞅一行又回到河西的黄河边。他感慨万端，他脚下的这片土地就是他从魏国夺回的河西之地。可是现在，就在这里，他却成了一个走投无路的人。

他想，现在秦国肯定布下了天罗地网在捉他，到处都有想捉到他的秦军或别的什么人。

怎么办？总不能坐以待毙吧。

好吧，既然已无路可走，那就真反了吧。

商鞅带着家属和随从，想方设法逃进了自己的封地商於，并带领在商於的自己的私家军队公开造反。

商鞅检阅了这支小小的部队，觉得用这支部队去抵抗强大的秦军，力量相差太远。一种失败的预感向他心上袭来。他把右手盖住自己的前额，使自己镇定下来。他暗暗责备自己："我怎么泄气了？不，不能泄气！我要鼓起勇气，做最后的战斗！"他集中了封地十五个邑的所有兵力，并向民间招募士兵，迅速建立起新的部队。

这时，秦惠王已经调集大进攻商於。秦军倾巢南下，兵多势盛。商鞅从容不迫，避开秦军主力，率军从小路北进，偷袭靠近渭河的郑县。由于郑县兵力空虚，商鞅轻骑急进，很快攻进了县城。

商鞅在郑县夺得一批武器，收降了一批官兵。不料强大的秦军很快追到，把县城围得像铁桶一样。商鞅一面守城，一面准备突围。这时一个旧贵族偷偷打开城门，放秦军进来。商鞅眼看守城无望，便化装逃跑了。最终他被秦军追上，当场被杀。

商鞅的尸体运回咸阳后，秦惠王觉得不解气，下令将其五马分尸。

商鞅虽然被杀，但新法并没有被废掉，因为即位的秦惠王不是傻子，他也看出来商鞅这招确实管用。所以他继续沿用新法，让秦国在强大的道路上昂首阔步地前进着。

第十一章

合纵连横，各显神通

三寸之舌，强过百万之师

人才未必有口才，有口才的人一定是人才。毫无疑问，苏秦是个一等一的人才……

秦国经由商鞅变法，在西部强势崛起后，为了抵御强秦，战国的舞台上出现了一批口才绝佳的人物。他们凭借三寸不烂之舌，奔走于各国之间，运筹帷幄，出谋定计，左右局势的发展，决定国家的存亡。

其中最为著名的人物，当数苏秦和张仪。

我们已经知道，鬼谷子有两个在中国历史上大名鼎鼎的学生，孙膑和庞涓。实际上，苏秦和张仪也是鬼谷子的学生，只是二人学的不是兵法，而是游说之技、纵横之术。

苏秦，洛阳人。早年外出求学，拜鬼谷子为师。学成之后，开始风风火火闯天下。

跟今天出门找工作的人一样，总得先捯饬一下自己。当时的苏秦喜滋滋地拉着一辆小车就出发了，据说小破车上装了一箱子书，显示他很有学问。

让人心酸的是，饶是如此，苏秦还是四处求职，四处碰壁。直到混得差不多要饭了，只好回家。

根据史书记载，当时苏秦的妻子坐在织机上织帛，连看也没看他一眼，估计久别胜新婚之类的好事也挨不着边。他求嫂子给他做一顿饭吃，嫂子理也不理他，扭身走开了。最后，还是老母亲拖着病体给他熬了一锅粥。

苏秦受了很大刺激，决心争一口气。从此以后，他发愤读书。常常读书读到深夜，疲倦到想要打盹的时候，就用事先准备好的锥子往大腿上刺一下。这样突然的痛感使他猛然清醒起来，然后振作精神继续读书。这就是成语“悬梁刺股”的出处之一。

经过一年苦学后，有一天苏秦忽然就顿悟了。顿悟了什么呢？不知道。史书只是记载说，他忽然自言自语道：“这一次我肯定能搞定当世之君了。”

然后，苏秦再度走出家门。

这一次，苏秦先去找和自己共居洛阳的当朝天子周显王。

有句话叫“贱近而贵远”。意思是说，人们总是看重远处的人，而轻视身旁的人。坦率地说，直到今天，这种心理仍为一些人所拥有。当时的周显王虽然贵为天下共主，但也是这种心态。

说来也是，都说外来的和尚好念经嘛。本乡本土的，从小看着你长起来的，能有多大能耐啊！所以，周显王和他身边人都没拿苏秦当回事。

苏秦这一次一点也没气馁。他心想：“我找你，是给你面子。你不听，那是你没脑子。这也正好，因为我心中的天下大势本来就跟你周天子没什么关系。”

那么，苏秦心中的天下大势是什么呢？其实那也就是苏秦的认知。他坚定地认为，要么秦并天下，要么六国联手灭秦。

联合六国不易，说动一个秦国相对要简单些。于是，苏秦离开洛阳，直奔正在强大起来的秦国。

到了秦国之后，苏秦见到了秦惠王。当时，秦惠王刚刚杀了商鞅，他对苏秦这种和商鞅一样能“出奇计强秦”的人物没有什么好感。因此听了苏秦一番“吞并天下，称帝而治”的演讲后，有些不耐烦地对苏秦说：“毛羽不丰者不可以高飞。”小鸟的羽毛都还没有长齐呢，它能高飞吗？你这出的是什么馊主意！

苏秦看秦惠王没兴趣，只好实行第二套方案。那就是说服六国国君，合纵攻秦。

苏秦先去了北边的弱国——燕国。这时的燕国国君燕文公是个有为之君。为了强大燕国，他广布求贤令。苏秦便在这个历史机遇下来到燕国，谋求工作。

苏秦到了燕国后，燕文公没有像秦国国君那样摆架子，而是亲自接见了他。当时，燕国和强大的秦国关系不太好，燕文公就想派人去修复关系。他的如意算盘是，和秦国修好，然后全部精力用于对付齐国。

苏秦认为不妥，他向燕文公分析了当前形势："现在天下有实力的国家，一共就是七个。在这七个国家里面，燕国是最弱的，当然不能跟大国硬碰硬。但咱们也无须过分担心秦国，您想想看，秦国攻打燕国，要长途跋涉几千里。可近邻赵国如果想攻打燕国，只要一声令下，不出半个月赵军就可以到达燕国的都城了。大王您怎能患远不患近呢？不如先和赵国结盟，再和其他诸侯国合纵成一体，那么燕国还怕秦国什么呢？"

燕文公听了大喜，立刻为苏秦准备了豪华马车，带着仆从、珠宝，出使赵国。

到了赵国后，苏秦又以同样的道理游说赵肃侯。本性纯真的赵肃侯哪受得了苏秦的巧舌如簧，很快就欣然同意，并以苏秦为相，赠其车马黄金，让他游说其他几国加盟。

此后，苏秦用同样手段，陆续游说了韩、魏、楚、齐四国国君。

六国合纵成功后，能说会道的苏秦做了合纵联盟的盟长，并且兼任六国相国，主管联盟之事。

此时的苏秦，可谓麻雀变凤凰。踌躇满志之余，他抽空回了趟老家。随从车辆浩浩荡荡，把周显王都吓到了，赶紧派人泼水净街，夹道欢迎，一迎就迎出十多里地来。

家人和亲戚朋友都跑到洛阳郊外迎接。等到苏秦下了车，他们都匍匐在地上，毕恭毕敬，都不敢仰视，包括他的媳妇和嫂子。

苏秦笑了笑说："怎么之前是那样的，现在成这样的了？"

嫂子低着头回答："因为如今的叔叔位高金多。"

人情之冷暖，可见一斑。

综观苏秦的上述作为，应当说，导致他成功的因素有很多，但超级雄辩肯定在其中起到了极大的作用。

人们常说“三寸之舌，强过百万之师”，这句话在苏秦的身上体现得极为明显。当时，唯一可以跟他有一拼的，可能只有他的老同学张仪了。

请将不如激将

为了让张仪帮助自己，苏秦的办法是，刺激他……

张仪，魏国安邑人。祖上曾是魏国贵族，但到了张仪已是平民百姓了。平民家的孩子怎么样才能出人头地呢？那个年代和后来一样，那就是只有读书。因此，年轻时的张仪和苏秦一起成了鬼谷子的学生。不过，虽然老师相同，教的知识也一样，但当时苏秦觉得自己的才学不如张仪。

张仪毕业之后想要施展纵横之术，所以就去游说诸侯。他最先到的哪里，我们不得而知，不过可以肯定的是他没有受到重用。

后来他又来到了楚国，在楚国令尹（楚国总揽军政大权的最高官）昭阳家里做门客。有一次昭阳在家里举行宴会招待客人，张仪也在一边作陪。宴会上昭阳为了显摆一下，就把家里珍藏的一块美玉（一说是和氏璧）拿出来供客人观赏，但没想到宴会结束后美玉却不见了。

其他门客就怀疑是张仪偷了美玉，因为大家都说他人穷、品行又不端，肯定是他偷的。

听大家这么说，昭阳也有点怀疑，于是让人把张仪抓起来狠狠地打了一顿。可是不管怎么打，张仪就是不承认自己偷了东西，众人没办法只好把他放了。

当张仪的老婆看到他的伤势后，一边哭一边埋怨他说：“你要是不学游说、纵横之类的玩意儿，又怎么会遭受这样的屈辱呢？”

张仪却毫不顾及伤痛和屈辱，而是着急地对妻子说：“你快看看我的舌头还在吗？”

张仪的妻子实在搞不懂张仪怎么会是这样的人，于是没好气地数落说："该关心的不关心，这惹祸的破舌头不还在吗？"

张仪笑笑说："这就够了。"

此时，张仪的同窗苏秦已经说服了燕、赵等国结成合纵联盟，共同对付秦国。但苏秦怕秦国在各国正式缔约之前发兵进攻，从而将合纵破坏掉，于是就想找一个人先去把秦国给稳住。想来想去，也只有张仪能办成这件事。

但苏秦知道，张仪这个人除了品行方面有点缺陷外，还自视甚高，轻易不愿受人摆布，明着跟他说这事是肯定不行的，得玩计谋才行。于是苏秦就暗中派人对张仪说："你之前和苏秦不是一直称兄道弟吗？现在他在赵国已经成为相国，你为什么不去找他呢，那样不就可以实现你的政治抱负了吗？"

听完来人的话，张仪马不停蹄地赶到赵国求见苏秦。但苏秦一开始故意不见他，过了好几天才接见，而且对他也很不好。不但让他和奴仆们一起吃饭，还毫不留情地责备他说："你要真有本事的话，又怎么会沦落到今天这个地步？既然是庸人一个，那我又凭什么推荐你？"说完就把张仪打发走了。

张仪肺都要气炸了！暗怪自己瞎了眼，把苏秦当成朋友，才千里迢迢前来投奔，没想到却受了这般羞辱。因此心里暗暗发誓，终有一天要报此大仇。

冷静下来后，张仪仔细考虑了一下当时的形势。认为在列国中，只有秦国的实力明显强于赵国，要想报仇就必须到秦国去，于是前往秦国。

苏秦得知张仪的动向后，就对自己信得过的一个朋友说："张仪才华过人，我不如他。我今天之所以受到重用，只不过运气比他好而已，我相信他终会有出头之日。问题是他现在很贫穷，人穷志短嘛。我担心他会被一些蝇头小利所牵绊，那样的话就不会有什么大出息了。所以，我才会想办法把他找来并加以羞辱，目的是想激发他的斗志。但他囊中太过羞涩，恐怕连到秦国的盘缠都没有，更别说打点各色人等了。因此，我想让你去暗中帮助他一下。”

后来张仪一路上遇到了无数的困难和麻烦，幸好有苏秦那位朋友的暗中接济和帮助，才顺利到达秦国并受到秦惠王接见。

秦惠王问张仪：“秦国和楚、魏两个国家都接壤，如果他们打起来，我们应该帮谁？”

张仪眼珠子骨碌碌一转，说：“咱们可以先和魏国站在一条战线上。待战事扩大，魏国在南边忙于应付楚军时，再突然和它翻脸。如此一来，魏国为了免于腹背受敌，肯定会答应咱们提出的条件。”

秦惠王一听，觉得能想出这么不地道主意的人，必定是个人才，就任命张仪为客卿。

张仪兴冲冲回来拜谢那位暗中资助自己的贵人。这时，这个人才把前因后果讲了一遍，说这一切都是苏秦的安排。

张仪被惊呆了，对苏秦又是佩服，又是感激，便铁了心帮助苏秦，维护其合纵计划。并许诺，只要苏秦在赵国当权，将来就算秦、赵之间有了纷争，也不会带兵攻打赵国。

就这样，在苏秦等人的腾挪辗转下，六国合纵的局面得以形成。

毫不手软破合纵

人在人情在，人死茶则凉。苏秦一死，张仪很快就拍散了他的合纵……

六国合纵期间，虽然苏秦贵为合纵联盟的盟长，但他大多数时间居住在赵国为相，潜心帮助赵肃侯打理着政事。

俗语云“木秀于林风必摧之”，功高自然招人妒。时间一长，看不惯苏秦的人便多了起来。他们四处煽风点火，毁谤苏秦欺上瞒下，出卖国家，将要作乱。

不知苏秦是真的“做贼心虚”，还是出于什么考虑，总之他居然害怕了，跑到了燕国。当时的燕易王任苏秦为相国。

要说苏秦此人还真有些能耐，除了善于说动国君外，也善于忽悠女人。一来二去的，他竟然成了燕易王寡母的情人。但纸永远包不住火，时间一长，苏秦和燕易王母亲的丑事也就四处传扬开来。

苏秦知道在燕国也很难待下去了，就去找燕王，说：“您看，燕国现在跟齐国关系很紧张。我在燕国也发挥不了多大的作用，不如去齐国，在那边暗中帮着咱们燕国。您觉得如何？”

燕王正为难着呢！这毕竟不是什么光彩的事，可要是杀了苏秦，又怕老妈伤心，何况自己也确实看重苏秦的能力。现在苏秦主动请求去齐国做间谍，不就什么麻烦都解决了吗？于是，厚礼为苏秦送行。

苏秦到了齐国后，同样深得齐宣王的器重，仍然位高权重，成天吃香的喝辣的。这让齐国大夫们很是不爽。后来齐宣王死了，齐湣王继位，也重用苏秦。

当然，不爽他的人还有很多。于是有一天，苏秦被人刺成重伤。眼见自己即将撒手人寰，凶手却还没有抓到，苏秦咽不下这口气，便在临死前对齐湣王说：“等我死了，您就宣布我是燕国间谍，号令于市。那时凶手肯定会出来。”

齐王照办，果然凶手现身。齐王诛之，为苏秦报了仇。

苏秦去世了，但人们对他的争论并没有因此而烟消云散。有人认为他说话不老实，没信义；也有人认为他有追求、有信仰，为了合纵事业不惜身死。他到底是无信小人还是忠义之士，只能任后人评说。

苏秦死后，张仪成了当之无愧的天下第一“名嘴”。此时的他在秦国已成为相国，并以间谍身份兼任魏国相国。在苏秦死后，他不再顾忌之前对苏秦的承诺，决定为了秦国的利益出手瓦解合纵，其办法便是“连横”。

当时，在合纵的六国中，齐国和楚国的关系很铁，也都很强大。张仪认为，要想实现连横，就必须把齐、楚之间的关系搞坏。

于是张仪如此这般给秦王说了一通。秦王哈哈大笑，立即派张仪出使楚国。

一见到楚怀王，张仪就不停地恭维他——这事儿可是张仪的特长，荣华富贵全靠一张嘴嘛。

相比前几任楚国国君，怀王的智商很是一般。虽说他一开始本能地保持着一点戒心，但张仪的高帽子一戴，他立马就放松了警惕。

然后，张仪话锋一转，说："我知道大王您现在屯重兵，想取我们的商於之地。"

楚怀王听了这话，既不承认也不否认，微微一笑等着听下文。

张仪也笑了笑说："大王想要商於之地有何难哉？我有个办法可以让您不动刀兵，白白得到商於六百里土地。"

一听这话，楚怀王的兴趣就被调动起来了。他迫不及待地问张仪："真的吗？"

张仪说："天上当然不会掉馅饼，但我们秦国可以送个给您——只要您宣布跟齐国绝交，我们秦国甘愿献上商於之地六百里，而且还跟您结盟。"

楚怀王被这个天大的诱惑迷了心，完全晕了头，当即就同意了。为了能尽快将六百里土地收入囊中，他不但赐给张仪相印，还送给他一堆好东西，并且派了个将军跟随张仪回秦办交接。与此同时，楚怀王派使者出使齐国，宣布断绝跟齐国的关系。

张仪带着楚国将军回到秦国后，对外声称要庆祝一下出使楚国的顺利，便在家设宴款待了自己好几顿。有一天喝完酒上厕所的时候，他突然从台阶上滚下来，骨折了，于是只好请病假在家养着，一连三个月都没上朝去见秦惠王。

张仪不上朝，割让六百多里土地的事就这么耽搁着，这让楚怀王十分焦虑。

按说好端端的一个人，突然摔伤了，又借病不上朝，明眼人一眼就看出其中的欺诈。如果张仪诚心割让土地，即使病了也可以命人传话给秦惠王。张仪缄口不言，不肯割让土地的意图昭然若揭，简直是此地无银三百两。

脑瓜子不太灵的楚怀王却对张仪深信不疑。他虽然看出张仪摔伤是故意的，但他却认为张仪之所以这样做的原因是由于楚国与齐国断交不彻底。

为了进一步表示自己与齐国绝交的诚意，楚怀王想出了一个比较下三滥的主意。他派了一帮特别会骂人的士卒去到齐国边界，以楚国的名义对着城上骂齐王。

士可杀，不可辱，何况还是国君。齐王得到汇报后，气得差点儿背过气去，当即宣布与楚国彻底绝交，然后开始和秦国勾勾搭搭。

这正是张仪希望看到的。

至此，苏秦苦心经营的六国合纵正式开始被瓦解。

张仪听到齐、秦交好的消息后才上朝。此时楚国将军已在秦国等了一百多天，好不容易才看见张仪，立即抓住他死活不放，要求张仪兑现诺言。

张仪告诉他，秦国一定会兑现割让六里土地的诺言。楚国将军一听，都不敢相信自己的耳朵，结结巴巴地问道：“明明是六百里，怎么变成了六里？”

张仪一本正经地回答说：“国家的土地，我哪能随便给人。我原本说的就是我自己封邑的六里，你们爱要不要。”

这下轮到楚怀王大发雷霆了。他二话不说，点起兵马就杀向了秦国。

秦、楚两国发生了蓝田、丹阳之战。战争的结果是楚国大败，割地请和。

后来，秦国又要挟楚国，想得到黔中一带的土地，说要用武关以外的土地交换它。

愤愤不平的楚怀王说：“我不愿意交换土地，只要得到张仪，愿献出黔中地区。”只要把张仪这骗子交给我，其他条件都好说。

听到楚怀王的表态后，怕张仪有想法，秦惠王安慰他说："先生放心，寡人虽然说不上高尚，但也没有那么卑鄙。"

不过，张仪倒很大方，跟秦惠王讲："您就让我去吧，他们不会拿我怎样的，还白得土地。"

张仪给出的理由是，首先，秦国是强国，楚国乃弱国，弱国一定不敢杀强国倚重的要臣；其次，他和楚国大夫靳尚关系极好，靳尚会为他解决一切困难。

秦惠王想了想，也就同意了。

张仪一路观赏着风景来到楚国后，立刻就被五花大绑，关押入狱。楚怀王决定杀掉张仪。

听说将要被斩，张仪仍是一副泰山崩于前而不改色的样子。他之所以能够如此淡定从容，是因为他早已安排好了一切。

自从辅佐秦惠王以来，张仪整日奔波，很是辛劳。此刻他坐在大牢里正好修身养性，坐等靳尚为他解决困难。

张仪说他与靳尚交好，其实倒不如说靳尚与钱财交好。张仪虽然也是爱财之人，但他没有因为个人利益而牺牲秦国利益。靳尚就不同了，他除了个人利益外，根本不知道国家利益为何物。

因此，拿了张仪的好处后，靳尚急急忙忙地跑去拜见楚怀王最宠爱的妃子郑袖，吓唬郑袖说："你知道大王就要抛弃你了吗？"

真可谓："不是一家人，不进一家门。"楚怀王已经够容易上当受骗了，郑袖比他还有过之而无不及。

靳尚告诉郑袖，张仪是秦国最为倚重的要臣。为了保全张仪，秦国打算以土地贿赂楚国，还要将秦国最美的女人嫁给楚王。男人哪有不爱美女的，更别说一国之君了。如果秦国美女受到宠幸，郑袖就会被抛弃。

郑袖越听越怕，手足无措。靳尚建议说，事情很好办，你只要劝楚怀王饶恕张仪一命，放他回国，秦国就不会嫁美人给楚王。这样你的宠幸不就保住了吗？

郑袖一听，觉得这主意太绝了，自此天天在楚怀王的耳根旁为张仪说情。她对楚怀王说，作为臣子都只为主人谋利。尽管张仪伤害了楚国，但这是他分内的事而非他的本性，所以欺骗之事不能责怪张仪只能怪秦王。

郑袖还用非常担心的语气对楚怀王说，咱们要是把张仪杀了，秦国人肯定要找我们算账。到时候咱楚国能打得过他们吗？

楚怀王一听这话，心里咯噔一下，一时没了主意。

这时郑袖又带着哭音对楚怀王说，如果他坚持杀张仪的话，她就搬到江南去。因为不愿亲眼看见两国开战后，楚军像鱼肉一样被秦军欺凌。

通常来说，男人最架不住两样东西：女人的眼泪和枕边风。因此听了郑袖的话后，没几天楚怀王就把张仪给放了。

张仪离开楚国之后，又到韩国、齐国、赵国、燕国，挨个忽悠一遍，彻底把合纵之势给解除了。

待张仪周游列国回到秦国后，秦惠王已经驾崩，其子武王接班。

从谥号就可以看出来，秦武王是个崇尚武力的人，对强有力的东西比较感兴趣。所以，他对张仪那套整天骗来骗去的把戏有点儿看不上眼。

秦武王心想："我们秦国又不是打不过人家，你整天忽悠这个、忽悠那个，搞得我们秦国就跟职业骗子似的。"因此他对张仪不是很感冒。

投君王所好历来就是官场通病，所以，虽然张仪为秦国立下大功，但他一回到秦国就受到了大臣们的攻击。他们攻击的理由当然不说是为遂君王之意，而是谴责张仪在上一次被放回时，主张把汉中五县交给楚国。

眼见自己的靠山秦惠文王已经升天，而新王又不待见自己，张仪明白自己的出路只有一条——卷铺盖走人。于是，张仪被迫离开秦国，回到了他的故乡魏国。

魏国待他还算不薄，他最后又在魏国做了一年的相国才去世。这位战国时期的头号"忽悠王"，还算善终吧。

第十二章

各有各的手段

穿上新衣服，展现新气象

为了让自己的国家变得强大，赵灵武王决定先换一身衣服再说……

正当张仪、苏秦等人依靠“嘴上功夫”，在诸侯国之间忽悠来忽悠去的时候，在北方的赵国，悄悄地发生着一场大变革。这场变革对中国后世的作战方法产生了重大的影响。

这场变革叫“胡服骑射”。

胡服骑射的发起人是赵肃侯之子赵武灵王。

赵武灵王是一位目光远大、很有魄力的国君，总想在中国北方大地上做出一番不朽的业绩。

赵国当时的地理位置并不是特别好。它的东面和西面分别是强大的齐国和秦国；南面有韩国和魏国；北面的情况更复杂，心腹地带还夹杂着一个中山国。中山国几乎把赵国一分为二，仅剩一条路相连。

赵武灵王对中山国的感觉可想而知。公元前 307 年，赵武灵王亲率大军，对中山国发动进攻。

赵国军队打到中山国南部一地时，久攻不克。中山国军队趁机发动反击。赵国军队虽然人多势众，却被中山国军队打得叫苦不迭，连连吃败仗，不得不退出中山国境。

赵武灵王归国之后，带领众臣子到全国各地巡视。他对大臣楼缓说：“咱们国家的四周都是强邻，它们个个如狼似虎。如果我们没有办法使国家强大，赵氏宗庙就保不住了！”

赵武灵王又说：“我们现在不但连中山都打不过，我军与胡人交战时更是连连失利。他们的衣服很短小，袖子很窄，打仗时占了很大的便宜。所以，我想在国内推行胡服，提高军队的战斗力，你看怎么样？”

楼缓说："您的办法真是太好了！咱们学习穿胡服，一定能改变在战场上被动挨打的局面。既然胡服对打仗有利，为什么不学习他们？"

赵武灵王说："我们不但学习他们的衣着，也可以学习他们的作战方式。我们利用战车作战，而胡人是骑马作战，比我们要灵活机动得多！"

楼缓也表示同意。可是随侍的其他大臣却说："楼缓的看法不对！我们祖祖辈辈都穿宽大的服装，没人说不好。为什么轻易地改变呢？"

回都城后，赵武灵王又对大臣肥义说："现在我准备改穿胡人的服装，学习骑马和射箭。不仅我自己这样，我还要带领赵国百姓改穿胡服、学习骑射。但是我这样做的话，人们一定不会接受，大臣和百姓都会议论我。您说我该怎么办呢？"

肥义回答说："我听说做事情如果犹豫不决的话，就不会取得成功。您既然已经决定承受背弃风俗的名声，那么就没必要在乎人们对您的议论了。再说您这样做对赵国是有好处的，您就放心地贯彻下去吧！"

赵武灵王听了很高兴，说："我看那些讥笑我的人都是些愚昧不堪的人，明理的人都会赞成我。"

第二天上朝时，赵武灵王首先穿着一套胡服走出来。大臣们一见，都吓了一跳。

赵武灵王扫视了群臣一眼，然后把改胡服的事一五一十地向大家讲明了。可是大臣们总觉得这件事实在有些丢脸，不愿这样做。赵武灵王有个叫公子成的叔叔，在赵国影响很大，但此人头脑极为顽固。当他听到赵武灵王要改服装的消息后，干脆装病不上朝。

下决心改革的赵武灵王很清楚，要推行这个新办法，首先要打通他那叔叔的思想。于是亲自上门找到公子成，反复跟他讲穿胡服、学骑射的好处。

然后又苦口婆心对公子成说："我已经穿上了胡人的服装，希望叔叔您也能如此。在家，您是长辈，我听您的；在朝，我是国君，请您听我的。要是我穿着胡服上朝，而您却不穿，恐怕会遭天下人议论。再者，从国家推行政令的原则上说，政策应当从朝廷大臣和国君的家族开始执行。这有利于在全国推行。况且，我下令改穿胡服，有利于富国强兵，并不是为了个人享乐。您是我的叔叔，朝廷的重臣，希望您能支持我，成就伟大的功业。”

公子成始终认为赵武灵王的做法不符合礼仪，还是不同意。

赵武灵王又软硬兼施地对他说：“衣服本来就是要方便人穿着的，礼仪也是用来方便人行事的，怎能一成不变呢？何况现在我改穿胡服、学习骑马射箭并不是一时心血来潮，而是为了增强赵国的军事力量，使赵国强大富裕起来。叔叔如果也是为赵国的将来着想，也尊重我这个国君，就应该不被守旧的风俗束缚，支持我！”

公子成终于被说服了，赵武灵王立即赏给他一套胡服。

大臣们见公子成也穿起了胡服，自然无话可说，也纷纷穿上了胡服。

于是，赵武灵王下令在全国范围实行“胡服骑射”。很多人听从他的命令，穿起了更适合活动的胡服。赵武灵王还在北部地区召集一些善于骑射的人入伍，又改编成骑兵，甚至还收编北方少数民族武装。这样，一支赵国铁骑终于建立起来了。

当时，中原各国都崇尚礼乐，以中原文化为正统。赵武灵王却认识到中原文化的不足，进行改革，这说明他不愧是一位伟大的政治家。

赵国实行“胡服骑射”后，赵军兵分两路，大举进攻中山国。赵武灵王亲自率领南路军，从邯郸一路北上。北路军以新训练的骑兵为主，从北部南下，形成南北夹攻中山之势。

中山人一听老冤家来了，不敢怠慢，就出来迎敌。中山人在打仗时，一看老对手赵国的士兵穿着“古怪”的衣服，脑袋上插着野鸡毛，不像赵人，反而像胡兵。在中山士兵惊愕的当口，赵国骑兵就像一团云飘移过来，瞬间就扑到了中山国阵前，冲进了敌军的阵营。一阵砍杀后，中山士兵你踩我挤，没了阵形。

赵国后续的战车和步兵，看准机会如潮水一般涌过来，把中山兵打得七零八落。战争的结果可想而知，赵国大胜。

后来，赵武灵王又统率着赵国骑兵，相继战胜了林胡、楼烦等部，迫使他们向北迁移，把大片国土收入自己的囊中。这大片国土的获得，对赵国最重要的意义就是得到了宝贵的战马产地。从那以后，山西和河北北部地区一直是中原王朝重要的产马地带。

随着国土增加，国力增强，赵武灵王也像从前那些霸主一样搞了一次大会诸侯的活动，威望达到顶峰。可惜，他很快就从人生顶峰跌落了下来，起因是一次宫廷政变。

还在赵武灵王年富力强的时候，他就把王位传给了自己的次子赵何（即赵惠文王），这让他的大儿子很是不满。

也许赵武灵王觉得对大儿子有所亏欠，因此在赵何成了新的国君后，他对大儿子表现出异乎寻常的关心。没想到这却给朝中一些心怀不轨的大臣传递了错误的信号。他们为了图谋自己前程，就勾结这个大儿子，对惠文王的君位虎视眈眈。

赵惠文王又不是傻瓜，他当然清楚自己的哥哥想干什么。因此他很快就抓住了一个机会，击败了兄长。这位仁兄失败后，逃到了自己老爹居住的沙丘宫中。

没承想，赵惠文王根本就不顾及亲情。他派人包围沙丘宫，切断水源和食物，到最后把自己的父亲和兄长都给活活饿死了。一代雄主如此收场，真是让人唏嘘不已。

“垃圾”不过是放错了地方的宝贝

“鸡鸣狗盗”通常来说都是一个贬义词。然而，原版的故事并非这样的……

今天的人们好像对数字“四”不太感冒，无论选手机号、车牌号，还是购房、选楼层，甚至跟人约定见面的时间，都要尽可能地避开“四”。

据说是因为和“死”谐音，不吉利。

但中国古人却对“四”这个数字似乎较为偏爱，经常喜欢找四个特征相似的人并称一下，比如古代四大美女、宋朝的四大名捕、神话的四大天王以及战国的四公子等。

战国四公子分别是齐国的孟尝君、赵国的平原君、魏国的信陵君、楚国的春申君。其中齐国的孟尝君最为人津津乐道。

孟尝君是齐宣王的相国田婴的儿子，本名田文，号孟尝君。田文从小就表现出了与众不同的才能，被田婴选中为接班人。田婴死后，孟尝君继承了父亲的封地和爵位,并成为齐国的相国。此后,他养了许多门客,当时号称有三千多人。不管什么样的人，哪怕是小偷强盗，只要愿意去投奔他，他都一律收留，而且平等对待，所以门客们都将他视为知己。

不过，有个人似乎对孟尝君很有意见。

这个人叫冯谖。

冯谖来投奔孟尝君的时候表现得很奇特。当时，他一身破衣服，穿着草鞋，腰里系着一把剑，连剑鞘都没有。

孟尝君一看他这副打扮，就知道了：这哥们儿八成是来混饭吃的。

冯谖倒也诚实，直言不讳地说道：“我什么本事也没有，就是来您这儿混饭吃的。”

孟尝君当然也不会赶他走，但也只是把他安排在下等房间里住，伙食自然也不怎么样。

没过几天，冯谖忽然一边弹剑一边唱起歌来：“剑啊，剑啊，咱们回去吧，这儿没有鱼吃。”

门客中自然有人向孟尝君打小报告。孟尝君就让人把冯谖搬到中等房间里住，那里有大鱼大肉吃。

没几天，冯谖的歌声又响起来了：“剑啊，剑啊，咱们回去吧，这里出门连马车都没有。”

打小报告的门客一边笑一边向孟尝君汇报：“这家伙又提要求了。”

孟尝君什么也没说，立刻让人给冯谖安排了一辆马车。

冯谖坐上分配到的马车，高高兴兴去见朋友，说：“孟尝君待我还凑合。”

然而没几天，冯谖又有要求了：“剑啊，剑啊，咱们回去吧，这儿没钱不能养活家。”

这下，打小报告的门客也愤怒了：“这家伙简直贪得无厌！”

孟尝君心里也有点不乐意了，心想：“我管你吃管你住就很不错了，还要管你一大家子啊？”但他仍然派人去打探冯谖的家庭情况，得知他只有一个贫困的老母亲后，便经常让人给冯谖的老母亲送钱用。

冯谖这才不弹不唱了，而且还开始为孟尝君办事。

不过，冯谖的办事方法与别人不太一样。比如，孟尝君让他去封地薛邑收租，他倒好，将人家的欠账单据全烧了。

孟尝君很恼火，斥责说：“你简直是在胡闹。”

冯谖却说：“我这是为您好啊。”

还别说，孟尝君很快便尝到了冯谖为他带来的甜头。

之后不久，齐湣王听信秦、楚两国制造的谣言，怕孟尝君功高震主，就免去了孟尝君的职务。那些门客一看孟尝君什么都不是了，就头也不回地离开了，只有冯谖一心一意地跟着他。

孟尝君垂头丧气地回到自己的封地薛邑闲居，老远就看见老百姓扶老携幼夹道欢迎。不由得掉下眼泪，拉着冯谖的手说：“先生给我买的情义，今天我算是亲身感受到了。”

冯谖却摆摆手说：“这算不了什么，您失业的问题，我也能帮您解决。”

冯谖怎么解决呢？

去秦国，向秦昭王推销孟尝君。

秦昭王当然早就听说过孟尝君的大名，加之冯谖把他吹得神乎其神，因此很高兴地说：“好啊，咱聘他。”

秦昭王派使者带了千金和百乘马车前去聘请孟尝君。

可是，使者跑了三趟，孟尝君却是不答应。后来的诸葛亮也只要三顾茅庐就出山了，孟尝君这是为何？其实，他是在等齐滑王的聘书。

果然，齐滑王听说秦国要聘孟尝君，有些急了。毕竟孟尝君的能力摆在那儿，因此赶紧派人去通知他官复原职。

孟尝君等的就是这一天，于是咸鱼翻身，又成了齐国的相国。

秦昭王听说后，虽然心里很失落，但并未死心，仍然想着让孟尝君来为自己服务。因此派他弟弟泾阳君到齐国做人质，请求孟尝君能出使秦国见自己。

那些因孟尝君官复原职又回来的门客们都不赞成孟尝君去，但孟尝君不听，执意要去。

这时，一个门客对他讲了这么一段话："今天早晨我从外边来，见到一个木偶人跟一个土偶人在交谈。木偶人说，天一下雨你就要坍塌了，因为你是土做的。土偶人说，我是泥土做的，即使塌毁，也是回归到泥土里。若是天真下起雨来，水流冲着你跑，可就不知道把你冲到哪儿去了。"

见孟尝君若有所思，这位门客又接着说："当今的秦国是个虎狼之国。如果您执意前往，一旦回不来，您能不被土偶人嘲笑吗？"

孟尝君心领神会，就打消了去秦国的念头。

但是，山不转水转。过了几年，孟尝君被齐王以使者的身份派到了秦国。秦昭王一看自己朝思暮想的人才终于来了，立即就让他担任秦国的相国。

不料，秦昭王的一纸任命却惹得秦国朝野流言四起。大臣们纷纷对秦昭王说："孟尝君本事再大，毕竟与齐王同宗。让他做了大秦的相国，制定国策必定会先为齐国的利益着想，而后才会考虑秦国。真是这样的话，我秦国可就危险了。"

大臣们的话不能说没有道理，因此孟尝君在秦国没做几天相国，就被秦昭王罢免，并软禁起来。

孟尝君知道自己不想办法逃脱的话，恐怕会凶多吉少。很快，他打听到一个重要的情报——对秦昭王影响最大的是他的一个宠姬。所以孟尝君就拜托他在秦国的好友泾阳君牵线搭桥，笼络这个宠姬。

但这个宠姬提出了一个要求——她看上了孟尝君送给秦昭王的白狐裘。孟尝君这下为难了，因为白狐裘天下难找，做一件很不容易，哪里还有富余料做情侣装？

正当孟尝君焦头烂额之际，有一个门客对他说："这事儿我能搞定。"

孟尝君将信将疑地问他怎么办时，门客笑着说："其实咱俩都是君子，只不过您是地上的君子，我是梁上的君子。我的江湖名叫'狗盗客'，虽然名字听起来有点粗俗，但您有您的工作方法，我有我的工作技巧。您就等着看吧。"

这天深夜，月黑风高，这位狗盗客悄悄来到了宫廷的库房。库房里的狗听到动静后，"汪汪"叫了几声，翻译成人言就是："你小子是干吗的？"

狗盗客用狗语回应了几声："自己人，自己人。"

这时，门卫早已经酣睡，狗一听是"自己人"就趴下了。于是狗盗客顺利进入库房找到了白狐裘。出门时，还亲热地夸了夸库房的狗："老兄，你简直帅呆了！"

秦昭王的宠姬不是拿人家好处不办事的人。她拿到白狐裘之后，待天一黑，就把昭王拉到寝宫，给他吹枕边风。很快，秦昭王就痛痛快快地答应了宠姬的请求，下令释放孟尝君。

孟尝君一获自由，立刻更换了出境证件，改了姓名，带着众多门客逃出了咸阳。疾驰之后，夜半时分赶到了函谷关。但函谷关只有在鸡鸣后才会打开城门。孟尝君料定，自己走后，秦昭王一定会反悔，派兵捉拿他回去。可一时又出不了关，孟尝君只能干着急，毫无办法。

就在孟尝君焦躁不安的时候，突然听见了一声鸡叫，跟着又是一声……不一会儿，城楼上报时的公鸡也跟着叫了起来。

原来，在孟尝君的门客中还有一个"鸡鸣客"，善于口技，他模仿鸡叫声惊醒了城楼上的公鸡。

守关的秦国士兵们见公鸡打鸣了，就误以为已到了时辰，便打开城门，放孟尝君等人过去了。

两个多时辰以后，孟尝君等人已经走远，秦昭王的追捕令才送到函谷关。

这就是“鸡鸣狗盗”成语的典故。这个典故告诉人们，千万不要轻视你身边的每一个人，因为，所谓“垃圾”不过是放错了地方的宝贝。

再说孟尝君回到齐国后，又做了齐国的相国，而且声望越来越高。

秦昭王听到齐国又重用孟尝君后，很担心他将来会对秦国不利，就暗中打发人到齐国去散播谣言，说孟尝君收买民心，眼看就要当上齐王了。

齐滑王终究是个小心眼的人。他听了那些传言后，认为孟尝君的声望确实威胁到了他的地位，便收回了孟尝君的相印。

孟尝君被革了职，齐王对孟尝君仍很忌惮。最后，到孟尝君死后，齐国干脆派兵收缴了他的封地薛邑，还灭了孟尝君一族。

可怜一代名公子，落得个如此结局。

一个比一个猛

大抵来说，乐毅算得上一个“猛人”，然而更猛的还在后头……

齐滑王从来就不是个容易消停的人。孟尝君失势后，他开始东征西讨，还怂恿楚国跟他一起干掉了宋国。

看到自己有了点小建树，齐滑王得意得脸都有点变形，也更加踌躇满志，梦想着有朝一日能统一各国，弄个天子当当。

齐滑王嚣张的气焰惹火了周遭的几个国家，特别是燕国。燕国总是无端地受到齐国的骚扰。当时的国君血气方刚的燕昭王很是愤怒，一心想着报仇。但要跟强大的齐国掰手腕，燕昭王自认实力还不够。

当时，燕国有个著名的大臣叫郭隗，因受之前的“子之之乱”的波及，一直隐居于山中。

“子之之乱”源于燕昭王父亲燕王哙的一个令人啼笑皆非行为。原来，为了使弱小的燕国强大起来，他学着古代传说中尧舜禅让的样子，把王位让给相国子之。

谁知子之是个心狠手辣的阴谋家，他当上君王后便诛杀旧臣，驱逐原太子平。太子平也不甘示弱，便联合燕国将军一道起兵攻伐子之。燕国于是大乱。

齐国见有机可乘，就以平乱的名义出兵燕国，一路纵火抢掠，结果导致燕国乱上加乱，几乎亡国。后来，在韩国流亡的公子姬职成为燕王，是为燕昭王。

为了复兴燕国，燕昭王亲自去请郭老先生出山。

见了郭隗以后，燕昭王做出一副可怜兮兮的样子诉起了苦：“齐国一直骚扰我们燕国，搞得我们日夜不得安宁。听闻您老有德有才，放眼燕国，无人可比。所以我来请您出山共襄大业，您看如何？”

郭隗听燕昭王这么一说，心里美滋滋的。不过他知道自己年岁已大，亲自操刀上阵为国出力是不太可能了，讲点寓言启迪年轻人还是可以的。于是他给燕昭王讲了这么个故事：

从前，有个国王对千里马特别感兴趣。有一天，他知道某地有匹千里马后，就派臣下携千金前往购买。然而等赶到那儿时，千里马已经死了。于是，这位国王让他的臣下掏五百金买下千里马的尸骨，表示他极爱千里马。这名声传出去之后，不满一年，就有人先后给他送来了三匹千里马。

燕昭王听完这故事以后明白了郭隗的意思，赶紧叫人回去给老先生弄了套最豪华的房子住着，还诚心做了他的学生，时时向他请教。与此同时，又发布求贤令，广招天下英才。

不久之后，在燕王爱才的名声感召之下，各地有才能的人纷纷投奔他，乐毅是其中一位。

乐毅是赵国人，从小喜好兵法，曾在赵国为官，但发展前景不是很美妙。后来到魏国为官，也常有怀才不遇的感觉。

就在燕昭王招揽人才的时候，乐毅受魏王派遣出使燕国。燕昭王早就知道乐毅的贤名，于是好吃好喝地伺候着，想将他收为已用。

一开始乐毅推辞谦让，后来架不住燕昭王几次三番的恳求，终于答应留在燕国为臣。燕昭王就任命他为亚卿，成为燕国仅次于国君和上卿的第三号人物。

燕昭王是个急性子，他看见齐湣王成天嚣张跋扈，就跟乐毅讲："你瞧，那齐王真不是个东西，我打算这就找他算账，你觉得如何？"

乐毅看燕昭王这么沉不住气，赶紧劝他说："大王啊，那齐国可是人多，地盘也大，就以咱们国家目前的实力来说，还不能跟他单挑。不如考虑一下跟其他国家联手，如何？"

乐毅的打算是，联合赵、魏、韩三国一起伐齐。之所以要联合这三国，是因为这三国跟燕国一样，与齐国接壤，而且与齐国积怨已久。

燕昭王虽然性子急，但不刚愎自用，当即同意了乐毅的意见。因为乐毅是赵国人，便派遣乐毅前往赵国，游说赵惠文王。

别看乐毅是个军人，他的口才和谋略比起苏秦、张仪等人，一点儿也不差，三言两语就说得赵惠文王不断点头称是。还把赵国的相国印授予了乐毅，任命他为对齐作战时期的赵国相国。

那会儿也挺逗的，首相就像是个礼品，说给谁就给谁。哪怕他是从外面来的，也不存顾虑之心。

之后，在乐毅的游说下，韩、魏等也同意和燕国组成联军，共同讨伐齐国。

燕昭王二十八年（前284年），燕国倾国而出，在乐毅率领下，与先期集结待命的赵、魏、韩、秦（一说楚）联军会合，从齐燕边境进入齐国。

燕国此前都是以弱小的形象出现在齐国面前，所以齐湣王对燕国的警惕性很低，根本没有在齐燕边境部署大量齐军。五国联军在几无抵抗的情况下很快东渡黄河，到达济西，与齐国都城临淄隔济水相望。

联军随后大败齐军。这时候，其他四国见齐王已经这么狼狈了，出于各自的考虑，也不想赶尽杀绝，就都纷纷率军回国了。可是乐毅却不肯放手，继续带着燕兵深入。

乐毅大发神威把齐国的七十多座城池都拿了下来，只剩下即墨和莒城还没攻下。

燕昭王兴奋异常，亲自跑到前面慰问军队，并封乐毅为昌国君，让他做占领区的最高长官。乐毅在新占领的齐国土地上设立郡县，统归燕国朝廷管理。

在休整过后，乐毅亲自率领燕军包围了即墨。即墨的守城长官是个有勇无谋的莽夫，他一看燕军来到城下，立即下令开门迎战。结果一出城就被燕军包围，虽然这哥们儿勇力过人，能以一敌十，但总归势单力孤，最后全军覆没，自己也战死沙场。

如此一来，即墨城中群龙无首，乱了套。正当大家快要一哄而散的时候，有个叫田单的出来主事。他说自己是齐王的一个远房亲戚，以前也领军打过仗，把大伙儿都忽悠晕了以后，他就顺利地当上了主帅。

田单走马上任后，先把自己的家产全部拿出来充作军用，然后让妻儿族人跟大家伙一起守城，他自己更是身体力行。这样一来，他就更受大家信任了。

田单对打仗很在行。在接下来的时间里，田单带领全城军民，一次又一次地击退了燕军的进攻。

就在乐毅久攻不下的时候，有人到燕昭王那里告他的状，说他打了即墨这么久都没个结果，这怎么也说不过去。说不定这小子是故意在那边逗留，想要自己当个齐王呢。

燕昭王听了这话有些不高兴。因为他认为乐毅根本不是那号人，所以不但没理睬那些说三道四的人，反而还真的让乐毅当齐王。乐毅被感动得稀里哗啦的，死活不愿意当齐王。这样一来，他在军中的威望就越来越高了。

不久，燕昭王去世，其子继位为燕惠王。燕惠王在做太子时，跟乐毅就有矛盾。所以他一上台，已经快要撑不住的田单就觉得有机可乘，立马派人潜入燕国在大街上散布谣言，说乐毅之前之所以不当齐王，是因为有燕昭王在。现在燕昭王死了，他可要在齐国称王称霸了。

这些谣言传到燕惠王耳中，正说到他的心坎儿上。于是他派自己的心腹大将骑劫前去替代乐毅，并命令乐毅回国接受审查。

乐毅害怕回国后被燕王收拾，干脆卷铺盖回了老家赵国。

虽说骑劫掌了兵权，可是他在军中没有威信。大家都不爱搭理他，他一个人也怪郁闷。田单知道以后就想了一个计策，他让即墨城里的老百姓整天在大街上宣扬说："以前乐毅大将军根本就不想真的攻下即墨城，因为他把俘虏都当亲爹对待，对咱老百姓也挺好的。其实啊，要是乐将军把俘虏的鼻子都割了，把咱的祖坟都刨了，那即墨城里的人谁还愿意打仗啊！"

骑劫真是个没脑子的人。他听了这些传言之后想都没想就把俘虏的鼻子都给割了，把人家的祖坟也给挖了，把即墨城里的百姓们气得那叫一个火冒三丈。他们都找到田单，让他赶紧拼老命把燕国给灭了。

田单的把戏还没耍完。这时候他又弄了几个人装成有钱人，让他们带着些礼物给骑劫送去，对骑劫说即墨城已经快不行了，吃不上饭喝不上水，过两天就准备投降了。

骑劫居然信了人家的话，这以后就真的不准备打仗了，天天喝着小酒等着田单来投降。

田单才没那么傻呢！这段时间，他不知从哪儿弄来了一千多头壮牛。再往牛角上绑了刀，尾巴上绑上些浸了油的芦苇。又过了些日子，田单觉得是时候给骑劫点颜色看看了，于是就在一天半夜把牛都赶到了城外，点燃了牛尾巴。一群牛发了疯似的冲向骑劫的部队，燕军被牛角上的刀捅了一个屁股开花，大败。

骑劫这时候才真的气极了，可气有什么用？他已经被齐兵围得水泄不通，不死都不行。

这一次田单帮助齐国反败为胜，立了大功。后来他又把齐湣王的儿子齐襄王接回了首都临淄。齐国这才又缓过气来了。

齐国复国后，为了表彰田单的杰出贡献，齐襄王封他为安平君，还封给他一大片土地。田单由此过上了大富大贵的生活。成功固然离不开个人的奋斗，但有时候机遇也真的很重要。

比胆量，也要比度量

敌我交锋，要比胆量；同事相交，要比度量。蔺相如算得上是二者兼具的杰出代表……

中国有一个成语叫“完璧归赵”，常用来比喻把物品完好无损地归还物品主人。

那么，这个成语中的“璧”是什么东西呢？其实，它的本义专指和氏璧。

关于和氏璧的来历，有一个凄惨的故事。

故事说在春秋时期，楚国有一个叫卞和的琢玉能手，在山中得到一块璞玉。卞和捧着璞玉去见楚厉王。厉王命玉工查看，玉工说这只不过是一块石头。厉王大怒，以欺君之罪砍下卞和的左脚。

厉王死，武王即位，卞和再次捧着璞玉去见楚武王。武王又命玉工查看，玉工仍然说只是一块石头，卞和因此又失去了右脚。

武王死，文王即位。卞和抱着璞玉在楚山下痛哭了三天三夜，眼泪流干了，接着流出来的是血。

文王得知后派人去问卞和。卞和说：“我并不是哭我被砍去了双脚，而是哭宝玉被当成石头，忠贞之人被当成欺君之徒，无罪而受刑辱。这冤屈洗刷不尽。”

文王听了觉得这个人这么坚定，说不定真不是欺君之人。于是下令剖开这块璞玉，结果发现里面果然是稀世珍宝。

文王赶紧派人给卞和道歉："当年错待了您，可这脚也长不出来了，为了弥补从前的过失，就这将块玉命名为和氏璧吧。"

到了战国的时候，和氏璧的名气已经非常大了，许多人都想得到它。最后几经辗转，到了赵惠文王的手里。

惠文王得到这个珍宝之后，都还没捂热，就被秦昭王知道了。秦昭王马上写信给赵王，特"慷慨"地说，要用十五座城来交换和氏璧。

按理说这买卖对赵国只赚不亏，但是有一个前提，那就是双方都得守信，一手交钱一手交货。

在这一点上，赵国人觉得自己是诚实可靠的，可秦国人能说话算话吗?

赵惠文王的心里直打鼓。拒绝吧，慑于秦国的强大，又不敢；不拒绝则八成要吃亏。赵惠文王一时没了主意，只好召集大臣们来商量。可大家商量来商量去，也没拿出个主意。

这时有个宦官推荐说，干脆让蔺相如带着宝玉去秦国吧。这小子鬼点子多，没准儿能把这件事办好。

蔺相如是谁啊？赵惠文王都没听说过，便有些狐疑地问道："这人行吗？万一失败，他把自个儿的小命搭进去不说，再把赵国拖下水可就麻烦了！"

面对赵王的疑虑，这位大宦官讲了个故事："前些年我一不小心犯了点小罪，因为怕大王您怪罪，就想逃到燕国去。因为几年前我跟随您出使燕国时，燕王曾私下表示愿意和我交个朋友，所以当时我判断去燕国可以避祸。但蔺相如劝阻我说，从前燕王拉拢我，不过是因为赵强燕弱，而我又受到您宠信的缘故。但如今完全不一样了，我已变成了逃犯，燕王不可能为保护一个逃犯冒得罪赵国的风险。因此蔺相如劝我不如坦诚地跟大王您请罪，说不定您一高兴就不计较了。后来果真如此。"

听宦官这么一说，赵惠文王心里对蔺相如有了些好感，觉得他还是有点见识的，可以试一下。于是他叫来蔺相如，就秦王打算用十五座城换和氏璧的事问他的意见。

蔺相如说:“秦国是只大灰狼,而咱赵国是只小白兔,敢不答应他吗?”

赵惠文王有些不高兴了，说：“废话，这谁不知道。我是想问你，要是我把和氏璧送给秦王以后，他说话不算话，不给我那十五座城池怎么办？”

蔺相如笑了一下说：“要是咱们赵国不答应他，那就是咱们赵国的不是；可要是咱们把和氏璧送给了他，而他又不给咱们城池，那就是他的不是了。所以，咱们还是应该答应秦王的要求。就算他真的不守信用，那咱们不也能占据道德制高点吗？”

赵惠文王心都凉了半截，心想：“这人怎么是个书呆子？都什么年代了！”

当然这话他没有说出口，只是一个劲儿地在那儿长吁短叹。

蔺相如知道赵王还是信不过自己，他也不打算再说什么了，就让事实说话吧。于是，他把话挑明：“大王，我知道您一时半会儿找不到合适的人，那就让我去吧。如果秦国把城给了赵国，和氏璧就会留在秦国；如果秦王要赖，我保证把完整的和氏璧带回赵国。要是我丢了和氏璧又拿不到城，那我就提着脑袋来见您！”

赵王见蔺相如把话都说到这份儿上了，一时也确实找不到更好的人选，就决定让他试一试。

于是，蔺相如带着和氏璧出使秦国。

蔺相如一到咸阳，秦昭王就迫不及待地见了他。蔺相如把身上的和氏璧先拿给秦王，心想先让这没见过世面的家伙玩一会儿。

秦王把和氏璧捧在手里左看看、右看看，喜欢得不得了，还让身边的大臣们也凑过来欣赏。

蔺相如在底下看着秦王的举动，秦王把和氏璧给众人赏玩后，绝口不提十五座城池的事。蔺相如这下明白了，秦王只想霸占和氏璧，没有割让十五座城的诚意。于是，他提高了嗓门说：“秦王啊，其实这和氏璧有点小毛病，我来指给您看看！”

秦王还沉浸在霸占和氏璧的美梦当中，压根儿就没有怀疑蔺相如的用意。他哪用得着怀疑——在秦国宫廷之上，谁还敢欺骗秦王？因此他顺手就把和氏璧交给了蔺相如。

蔺相如接过和氏璧，身子向后退了几步，紧靠殿柱，怒容满面地说："当初大王提出用十五座城池来换和氏璧。赵国的大臣都觉得大王的话是骗人的，赵国不能拿国宝白白送人。我却认为普通百姓都能遵守诺言，一国之君岂能说话不算数，于是力劝我家大王答应贵国的请求。现在和氏璧已经献上，您却没有半点诚意交出十五座城池，显然是想欺骗赵国。如果大王一定要强取宝玉，我的脑袋与和氏璧将在柱子上一起砸碎！"

说完这番话后，蔺相如举着和氏璧做出要砸的样子。

秦王怕他真的毁掉宝玉，就说："先生您何必这样做呢？寡人是守信之君，怎能欺骗赵国。"说着，他装模作样地叫人取来地图，把十五座城池指给蔺相如看，想用这种方法将和氏璧骗到手中。

蔺相如早就看透了秦王的伎俩，不客气地说："大王，既然您随便一指地图，就说把这十五座城池给了赵国。那我还是把它摔了，再画个和氏璧给你吧。"

秦王赶紧摆手说："别，别！好商量，好商量……"

于是，蔺相如提出一个要求，秦王必须斋戒五天，然后堂堂正正在大殿上，召集群臣庄严地接受和氏璧。

这时秦王也没别的办法，心想："那就忍五天吧。看五天之后你还能有什么花样。"于是答应斋戒五日，然后办一个隆重的交接仪式。之后，蔺相如就被安置在驿馆歇息。

蔺相如回到馆驿，认为秦王绝不会交出城池，就命人带着和氏璧悄悄逃回赵国，自己则留在秦国与秦王周旋。

五天的时间很快就过去了，秦王在宫中举行受璧仪式。

蔺相如泰然自若地参加仪式，对秦王说道："秦国向来不讲信义，只知欺骗各国。我不敢相信您，已将和氏璧送回赵国。人们都知道秦强赵弱，大王只要主动交出十五座城池，赵国岂能不将和氏璧献给您？如果您因此想怪罪我，我也不愿活着回去！"

秦昭王听了这话，心中虽然极为生气，可又觉得杀掉蔺相如也无济于事。于是，他装出一副笑脸，说道：“先生错怪寡人了，寡人对先生十分尊敬，哪敢怪罪先生呢？”然后好酒好肉招待了蔺相如一番，将他送走了。

蔺相如回到赵国，受到了国人的热烈欢迎。赵王也因他完璧归赵立下大功而封他为上大夫。

过了一段时间后，秦国和赵国发生了小的摩擦。秦军攻下了赵国的城池，还杀了赵国不少人。

赵惠文王这边还生着气呢，秦昭王却又派人对他说：“我不想再打下去了，打算跟你们和好。我准备在渑池举办一个聚会，咱哥儿俩喝几杯聊聊天，联络一下感情，你来不来？”

赵王怕有去无回，一点都不想去，可他又怕别人嘲笑他胆子小，只好硬着头皮前往。为了增加点保险系数，他带上了蔺相如。

两个君王聚餐，自然少不了歌舞助兴。秦昭王喝到高兴处，突然对赵惠文王说，我早就听说你弹得一手好琴，不妨弹上一曲，给这次盛会添点乐趣。

赵王也喝得很兴奋，想都没想，当即弹奏了一曲。等赵王弹完后，秦王就召唤秦国史官，让他把这件事儿记录下来。说某年某月某日，秦王与赵王会盟，令赵王弹琴。

秦王这话一出口，赵国君臣气得差点儿吐血——你这家伙怎么这么阴险？我们大王弹琴不过是为了助个兴而已，你这么一写，弄得好像你是老大，命令我们似的。

只有蔺相如没生气，因为他觉得生气太无能。只见他二话不说，拿了一个缶（一种敲击乐器），走到秦王面前，请他演奏。秦王当然不肯。蔺相如又跪下来请求，秦王还是不干。蔺相如猛地站起来说：“大王要是不肯敲，五步之内，我就能把自己脖颈里的鲜血溅到大王身上。”

蔺相如的意思很明显，只要你今天不敲，我就死给你看——当然，我不能白死，得拉你陪葬！

这是赤裸裸的威胁！秦王环顾左右，护卫们都在五步之外，不敢轻举妄动。秦王那叫一个郁闷，在心里长叹一声说："我怎么这么倒霉，偏偏碰上这么个不要命的。上回他要跟和氏璧同归于尽，这回要跟我同归于尽。问题是，他这命能值几个钱？他可以不要命，我能不要吗？我有那么傻吗？"

在心里给自己找好台阶后，秦王拿起缶轻轻地敲了一下。虽然声音很小，但是大家伙儿都看见听见了。蔺相如也召唤赵国史官，让他记上：某年某月某日，秦王为赵王击缶。

秦国君臣觉得很没面子，接下来又使了些小伎俩来折损赵王，但在蔺相如的沉着应对下，始终没有占到上风。与此同时，赵国大量屯兵边境，防备秦国入侵。秦王到最后也没能占到便宜，只好作罢。

赵王平安回国后，念蔺相如立下大功，拜其为上卿，位在廉颇之上。

廉颇是赵国能征善战的大将，为赵国柱石。他见蔺相如的官比自己还大，很不服气，私下对自己的门客说："我为赵国立下了多少战功，他蔺相如不过是口舌之劳，却位居我之上！我要是碰到他，定要他当面出丑。"

蔺相如听到传言，便以大局为重，每逢上朝、出门总远避廉颇。一日，蔺相如带着门客坐车出门，老远望见廉颇的车马迎面而来。他立即命人把车退到小巷里去避一避，让廉颇的车马先过。众门客都十分不满，对蔺相如说："我等追随您，就是佩服您的胆量和气魄。如今廉颇如此欺人太甚，您却胆小如鼠，令我等感到汗颜。"

蔺相如对众门客说："廉将军和秦王比，哪一个更厉害？"

众门客都说："当然是秦王。"

蔺相如笑着说："我连秦王都不怕，难道还怕廉将军吗？秦国之所以不敢来侵犯我国，是因为我赵国的文臣武将团结一心。若我和廉将军相争，势必两伤，就会让秦国有机可乘。我之所以让着廉将军，是先国家之急，而将个人恩怨放在一边罢了。"

廉颇毕竟是一代名将，觉悟高。听到此话后，悔恨交加，立刻光着脊背，背着荆条，到蔺相如的府邸登门请罪。

廉颇一见到蔺相如，就跪倒在地，惭愧地说道："大人处处以国家为重，宽宏大量；而我见识短、气量窄，冒犯了大人。要不您揍我一顿吧，想打多少下就打多少下。"

蔺相如非常感动，连忙把荆条扔在地上，然后用双手扶起廉颇，给他穿好衣服，拉着他的手请他坐下。

自此，两人以诚相待，互敬互让，结成生死之交。后来，"负荆请罪"就成了一个成语，表示向别人真诚道歉，勇于承认错误。

苦难的背后是春天

苦难也是人生的一笔财富，范雎的经历，是对这句话的最好注解……

有了廉颇和蔺相如的精诚合作，一时间秦国也不敢再去招惹赵国了。不过秦国从来都不肯消停，眼瞅着骚扰赵国不成，那就先跟楚国和魏国玩玩吧。于是就从这两家又弄了点土地回来。

秦昭王从来就不是个容易满足的人。接下来，他又琢磨着要跟齐国过过招。就在这时，秦昭王收到了一封信，信里说有个叫张禄的人强烈要求要跟他见个面。

张禄是谁？其实他本名叫范雎，魏国人，出身贫寒。范雎虽然从小就怀有远大志向，而且很有才华，但一直得不到施展才华的机会。无奈之下，只好投身于魏国大夫须贾门下，寻找出人头地的机会。

后来田单复齐后，曾跟随燕国破齐的魏国坐卧不安。为了防止齐国复仇，魏王就派出须贾出使齐国，想修复两国的关系。

没想到在招待须贾的国宴上，齐襄王对魏国的使臣非常不礼貌。严厉斥责魏国反复无常，而且说先王之死跟魏国有关。

须贾被吓得大气不敢出，呆呆地坐着不知所措。这时，跟随须贾出访的范雎却站起来义正词严地辩驳道：“当年齐国干了那么多混账事，找齐国算账的又不是只有我们魏国，还有其他四个国家呢。您干吗只揪着我们不放？再说，这都过去多少年了？国与国之间为什么不能朝前看呢？如果总是斤斤计较前代的恩怨，恐怕贵国离重蹈覆辙不远了。”

齐襄王听完范雎这番话后，不但没有发怒，反而心中暗叹此人的胆识和辩才。后来还背着须贾偷偷给范雎送了大礼物，可是范雎是个实诚人，没要。

按说范雎帮须贾挽回了面子，须贾应该感谢他才是。没想到须贾回国后却越想越气：“我堂堂正使在齐国受人羞辱，你一小小的随从却受到齐王的厚爱，这里面肯定有见不得人的勾当。”于是须贾将此事汇报给了魏国的相国魏齐。

魏齐更简单粗暴，连调查都不调查，直接派人将范雎暴揍了一顿，差点就把他送到了阴间。他让人用破席子把范雎卷起来，扔到了厕所里。魏齐觉得还不过瘾，又命令家中宾客轮流向范雎身上撒尿，以警示一定要对魏国忠心，否则就是这么一个下场。

不知过了多久，范雎慢慢醒过来之后，发现有个士兵看着他，就可怜兮兮地说：“我反正就要死了，大哥你就行个方便，让我死在家里好不好？一定少不了你的好处。”

士兵一想：这人反正都死定了，让他死在家里我还能得点钱，有什么不好呢？于是向魏齐谎报说范雎已经死了。

此时魏齐正在举行宴会，已经喝得稀里糊涂了，就让看管的士兵把范雎的尸体扔到荒郊野外了事。

范雎这才得以保住一条命。

捡得性命的范雎连夜逃往一个叫郑安平的朋友家，改名为张禄，从此深居简出。

后来，秦国有个叫王稽的大夫出使魏国。郑安平觉得这是个让范雎逃离魏国的好机会，便化身杂役去服侍王稽，在赢得王稽的信任后，将范雎推荐给了他。

王稽深深同情范雎的遭遇，也认可他的能力，便将他带回了秦国。然而在向秦昭王举荐后，却未能打动秦王的心，这才有了前面范雎写自荐信一幕。

再说秦王接到信后，只见上面写道：“我听说使自己殷富者大多取之于国，善于使国家殷富者大多取之于诸侯。天下有了英明的君主，诸侯大臣就不能专权专利。这是为什么呢？因为明主善于分割诸侯的权力。良医可以预知病人死生，明主可以预知国事成败。有好处的事儿就去干，有害处的事儿就想办法除掉，有疑惑的事儿就稍加试验。即使舜和禹再生，也不能改变这种方略。如果我讲的这些对于治国兴邦无效，我愿意接受最严厉的处罚。”

当时的秦国，虽然昭王已经在位三十七年，但国家权力很大一部分掌握在相国魏冉的手中。魏冉是太后的弟弟、昭王的舅舅，昭王虽然痛恨他权力过重威胁到了自己，但也找不到好的办法来对付。因此，范雎这番话可以说正好说到了昭王的心坎上，昭王因此决定召见范雎。

范雎到了宫门口后，他假装不知道这是宫闱禁地，径直往里闯。这时恰巧秦昭王在众人的簇拥下出来，宦官一边呵斥说“大王来了”，一边驱赶范雎。

没想到范雎故意不闪不避，而且大声嚷嚷道：“你们秦国什么时候有大王了？我只知道有太后和穰侯（魏冉的爵号）。”说罢，继续前行。

秦昭王一听范雎这话，顿时觉得眼前这小子有点来头，便急忙把范雎请到内宫，屏退左右，说：“寡人诚恳地请先生指教。上至太后，下至朝廷百官，不管牵涉谁，先生都无须顾忌，只管直说。”

听了这话，范雎就说开了：“秦国土地广大，士卒勇猛，要统治诸侯本来很容易办到，可是这些年来却没什么大成就。这么说吧，相国（指魏冉）对秦国没有忠心办事，大王也有失策之处。”

秦昭王问：“你说说，寡人失策在什么地方？”

范雎说：“齐国离秦国很远，中间还隔着韩国和魏国。大王要攻打齐国，就算顺利攻下，也没法把齐国和秦国连接起来。我认为最好的办法就是远交近攻。对离我们远的齐国要暂时稳住，先把离我们比较近的国家攻下来。这样，打下一寸就是一寸，打下一尺就是一尺，秦国的地盘就能扩大。把韩、魏两国先兼并了，齐国也就保不住了。”后来秦始皇灭六国，就是完全按照范雎的这个路子走的，由此可见范雎战略眼光之远大。

秦昭王也很赞赏范雎的策略，连连点头称是，说：“秦国要真能打下六国，统一天下，全靠先生远交近攻的计策了。”于是立即拜范雎为客卿，让他参与国政。

吃了无数苦的范雎，终于迎来了人生的春天。

睚眦必报，无关度量

人们常用“睚眦必报”来形容一个人的心胸极其狭窄，然而范雎的报仇恐怕没有这么简单……

范雎入秦为官时，魏冉已在朝中得意多年，忽然看到来了个“张禄”，一夜之间成了秦昭王的亲信，他当然感到不自在。

昭王则似久旱逢甘霖，一刻也离不开范雎，每每半夜还把范雎找来议事，无所不谈。

一段时间后，范雎揣摩着自己的地位已经比较稳固了，便找了个机会，神秘兮兮地对秦昭王说：“臣有安秦之计。”

昭王表示自己正在洗耳恭听。

范雎说：“臣从前居住在魏国时，只闻秦有太后、穰侯，不闻有秦王。按理说，能管理国家的，那才叫王。现在太后恃国母之尊，专擅朝政四十余年；穰侯为相国，内仗太后之势，外窃大王之威，用兵则诸侯震恐，讲和则列国感恩。他还在大王左右遍布眼线，大王孤立无援，已不是一天两天了吧？怕是大王千秋万岁之后，掌控秦国的就不是大王的子孙了！”

所谓专制，权力集中一人，即使老妈、老舅也不能分享——这番话，句句攻心。秦昭王听了，顿觉毛骨悚然，连连拜谢范雎。

第二天上朝，秦昭王立刻宣布，收穰侯魏冉的相印，请回封邑养老去。

魏冉离开咸阳之时，从府库借了牛车运他的家财，竟有千辆之多。满载的奇珍异宝全是王宫内库所没有的。

当然，秦昭王也不想计较这些——只要你放权，钱就不是问题。

过了一天，昭王又宣布：安置太后于深宫，不许参与政事。然后，任命范雎为相国，以应城为其封地，号为“应侯”。

就这样，没有动兵动枪，也没有流血牺牲，范雎只是与秦昭王喝喝茶、聊聊天，就全面改革了秦国的内政外交。所以说，想改有时候也就是一句话的事。

搬掉了内政上最大的障碍，接下来就该上演对外战略的大戏了。

对秦国所发生的变化，最为敏感的当然是三晋之一的魏国了。当时魏昭王已死，其子安釐王即位。他风闻秦王起用了一个名不见经传的张禄为相，要讨伐魏国，当即就慌了，急召群臣来商议。

安釐王的弟弟、战国四公子之一的信陵君说：“秦兵不来进犯魏国已有好几年了，如今无故兴师，明明是欺我不能与之抗衡，所以应严阵以待，他敢来就痛扁他！”

那位曾置范雎于死地的相国魏齐，表示反对：“魏弱秦强，要打肯定是不能取胜的，咱们还是来软招为好。我听说秦相张禄是我们魏国人，既是魏人，岂能无老乡之情？如果派使者多带点钱财，先买通这位张相国，再谒见秦王，许诺以公子为质讲和，魏国应该可以安然无事。”

安釐王从小到大连菜刀都没摸过一回，哪知道什么叫战伐之事，打心眼里就觉得战争不是好玩意儿，因此同意相国的办法。当即派出大夫须贾出使秦国求和。

这边范雎早已探知，往事历历涌上心头，不禁百感交集。心想："当年你害得我差点儿没命，我今天如果不加倍偿还你，留着那度量有何用！"

范雎想了个招。他脱去官服，换上一身破衣服，把自己弄得跟个流浪汉似的，偷偷出去，来到馆驿，登门夜见须贾。

须贾一见，大吃一惊："你是人是鬼啊？当年你不是被魏相打死了，怎么还留了条命在此？"

范雎笑道："大人莫怕，我还没变成鬼。"接着用低沉的语气说道："那时候他们把我的尸首扔到郊外，第二天早上才苏醒。恰好遇到有客商路过，听到呻吟声，怜而救之，我这才苟延一命。但不敢回家，专拣小路走，来到秦国。没想到在这儿还能见到大夫之面！"说着，似乎泪珠就要滚滚落下。

须贾一时不知道该说什么好，憋了半天，才迟疑着问道："你还好吧，做官了吗？"

范雎可怜兮兮地说："我亡命来此，能活着就不错了，哪能做什么官啊？"

须贾又问："那你以何为生？"

范雎的眼泪真就掉了下来："不过帮人端端盘子，做点苦力，糊口而已。"

须贾早先虽然坑害过范雎，但他终究不是冷血之人，见范雎这副模样，不觉动了哀怜之意，连忙招呼他坐下。又吩咐手下端了酒食来，给范雎充饥。

时值寒冬，范雎衣衫单薄，冻得瑟瑟发抖。须贾见了，又连忙吩咐手下拿一件袍子来给范雎穿。

范雎慌忙摆手："大夫之衣，小人岂敢穿在身上？"

须贾笑笑说："一件衣服而已，哪有那么多讲究！"说完亲自给范雎披上。

范雎穿上袍子，再三道谢，然后问道："不知大夫为何事来秦国？"

须贾说：“如今魏人张禄正在秦国任相国。我想走走他的门路，为魏、秦两国谋得和平，但遗憾无人引见。先生你在秦国久了，是否有关系，能让我先跟这个张相国见见面呢？”

范雎说：“巧了，我的主人恰好与张相国关系不错，我也曾随主人到过相府。这位张相国很是平易近人，常赐我酒食。我跟他还算说得上话，您想拜见张相国的话，我愿帮你这个忙。”

须贾喜上眉梢：“既然如此，麻烦你预先确定好日期。”

范雎说：“相国事忙，今日正好闲暇，何不现在就去？”

须贾当然愿意，不巧他的马车坏了，范雎就说自己主人的马车可以借来一用。于是回到相府，自己赶着马车出来，再到驿馆请须贾上车：“今儿我为先生赶车！”

一路上，范雎拉着缰绳，摇着鞭子，像模像样地驾着马车往相府而去。

大街上的秦国百姓都认识范雎，大家见相国亲自驾车，连忙回避。须贾不由得感叹起来：“这咸阳终归是个大城市，老百姓的素质真高，见了马车都谦让。”

马车没有任何停留就到了相府门口。须贾不由得又感叹了一番：“这咸阳真是了不得，这么大个城市，居然不堵车。”

这时，只听范雎说道：“大夫，您在这儿等着，我进去通报。”说完，他便下了车，大摇大摆地进了相府。

须贾很是诧异，心想：“一个打工仔就这么大模大样地就进了相府，什么情况啊？”

须贾就在门口等着，可是左等右等就是不见范雎出来。须贾又不便直接进去，就问守门的卫士：“刚进去的范雎怎么还不出来？”

守门卫士说：“范雎？谁是范雎？刚才进去那个是我们的张相国。”

“啊？”须贾闻言，张大的嘴巴久久合不上。他万万没有想到，当年被他坑害的范雎居然成了秦国的相国。

前尘往事瞬间涌上心头，须贾害怕极了。怎么办？跑是肯定跑不掉的。当然，大不了一死，可自己死了是小事，连累了魏国那可就是罪人了。现在唯一的希望，就是看看范雎能不能大发慈悲。于是，须贾把自己的衣服都脱了，袒露上身表示请罪。

守门卫士一见，心中暗叫："不好，这家伙发神经了！"顿时大声通知相府的其他卫士。

须贾脱完衣服之后，跪倒在地，大声说道："我是来请罪的。我罪孽深重，请求跪着爬进去见你们相国。"

卫士们不由分说，将刀架在须贾的脖子上，把这个半裸男带到了相府高堂之上。

范雎威风凛凛地坐于堂上，直视着须贾问道："你知罪吗？"

须贾诚惶诚恐地答道："就算拔光我的头发，也数不清我的罪过。"既然身陷绝境了，要保命就先糟蹋自己吧。

范雎冷笑道："我不想让你死都不知道怎么死的！那就先教你吧：我祖祖辈辈都是魏国人，所以不会去齐国做官，你却以我私通齐国为由去告状，此罪一也；魏齐发怒之后，把我打得满地找牙，你却一点也不劝阻，此罪二也；我昏死过去，被弃于厕所后，你居然和众宾客一起朝我身上撒尿，侮辱我，你于心何忍啊！此罪三也。今日在此，本该砍掉你的头，以报前恨，你之所以还死不了，是因刚才赠我袍子，尚有故人之情，因此能苟全你的命！"

须贾连忙跪下，磕头如捣蒜。范雎挥挥手让他滚，须贾赶紧连滚带爬地离开了相府。

从这一天起，秦国人才知道：威名赫赫的张禄相国，原来是魏人范雎化名的。

次日，范雎入见秦昭王，报告了魏国有求和之意，并讲明了一切。

昭王大为感慨："寡人不知爱卿受冤如此。那今日就把须贾砍了吧，以解爱卿心头之恨。"

范雎急忙奏道："须贾是为公事而来，自古两国交兵，不斩来使，况求和乎？臣岂敢以私怨而伤公义，况且当初要杀臣的人是魏齐。"

昭王又是一番感慨，然后准许魏国讲和。

几天之后，范雎在相府大宴各国使节，每人一个上座，旁边俩美人伺候着。唯独把须贾安排在台阶底下坐着，还让两个脸上刺了字的犯人伺候他。

须贾面前的小桌子上也不设酒食，只放着一大筐炒熟的喂马料豆。两个犯人手捧豆子喂须贾，如同喂马一般。

众宾客有点看不过去，议论纷纷。范雎将旧事诉说了一遍，大家恍然大悟。

然后，范雎对着须贾厉声大喝道："我可以留你一命，但魏齐之仇不可不报。你回去告诉魏王，要和谈可以，先拿魏齐的人头来。"

须贾吓得魂不附体，连夜回到魏都大梁，求见魏王，转述了范雎的意思。

安釐王听了，踌躇半晌，一时难以决断。

魏齐耳目众多，早听说了消息。他左思右想，认为还是"三十六计——走为上"的好，于是弃了相印，连夜逃往赵国，投靠平原君赵胜去了。平原君是赵惠文王的弟弟，也是大名鼎鼎的战国四公子之一，素以讲义气著称。

魏齐一跑，魏国安釐王反而觉得好办了。他用数辆豪车载了黄金彩帛，连同范雎留在魏国的家属一起送到咸阳，跟范雎说明白了："魏齐闻风先逃，现正在赵国平原君的府中。"

范雎倒没说什么，秦昭王却不干了。为了给自己的心腹大臣报仇，他当即命令王翦为大将，率军二十万，一口气攻下了赵国三座城。

当时赵惠文王刚死，太子即位，是为孝成王。赵孝成王年少，由惠文太后执掌朝政，母子俩听听戏还可以，哪里听得行军打仗之事。一听秦兵已深入国境，怕得不得了。

老臣蔺相如此时已身患重病，告老还乡去了，相国一职由虞卿接替。虞卿派老将廉颇率军暂且与秦军僵持，然后虞卿对惠文太后说："事急矣！请把长安君入质于齐，求齐国出兵相救吧。"太后答应了。

原来，惠文太后是齐湣王之女。长安君是惠文太后最爱之幼子，入质于齐，齐国怎能无动于衷？果然，齐国答应援救，以田单为大将，发兵十万前来助战。

秦将王翦见赵国有了帮手，怕局势对秦军不利，就建议撤军。

秦昭王很不甘心，但又没有必胜赵、齐联军的把握，于是就想了另外一个办法。他派人通知赵国说，秦国可以撤军并归还赵国三城，但希望平原君能到秦国来见个面，大家畅谈一下两国的未来。

在这个微妙的关头，平原君心里就算有一百个不乐意，也只能硬着头皮入秦。

秦昭王倒是很好客，天天设宴款待平原君。热闹了几天后，在一次晚宴上，秦昭王对平原君说："过去周文王以吕尚为太公，齐桓公以管仲为仲父，如今我们秦国的相国范雎也是寡人的太公、仲父。他的仇人就是我的仇人。现在这个仇人就藏在你家，你可派人回去取了他的脑袋来，以解我们相国之恨，也就等于寡人受了你的大恩。否则，恐怕你就回不了赵国了。"

这话说得软硬兼施，但平原君不为所动，朗声说道："魏齐是我哥们儿，就算他狼狈地投奔我，我也绝不能交出他。你要想扣留我，随便！"

秦昭王见平原君油盐不进，就把他软禁起来了。然后写信给赵王说："魏齐脑袋朝至，平原君夕返。不然，寡人将亲自举兵去赵国，讨要魏齐！"

赵孝成王一见秦王的信，当时就慌了神，立刻发兵围住平原君家，索要魏齐。

魏齐见情况不妙，趁着夜色逃到了相国虞卿家。

虞卿虽居高位，却也是个讲义气之人。他当即对魏齐说："赵王畏秦，甚于豺虎，你还是投奔魏国大梁去吧。信陵君招贤纳士，天下亡命者都奔他那儿去，况且他又是平原君的至交，必然能庇护您。不过你是罪人，不可独行，我与你一起去吧。"

说罢，虞卿解下相印，给赵王留下一封谢恩信后，与魏齐换上一身乞丐装，星夜逃出赵国，直奔魏国而去。

信陵君跟平原君一样，也是一条响当当的好汉。但他对魏齐却十分冷淡，因为他觉得为了魏齐得罪秦国，太不值了。

当时信陵君手下有一个谋士，看到信陵君不愿搭理魏齐和虞卿，就对他说："虞卿是赵国的相国，魏齐穷途末路去投奔他，他可以立即辞官不做，天下如此之人能有几个？魏齐是魏国的宗室，也当过魏国的相国，好歹也是一位有头有脸的人。您如此对待他们，传出去恐怕对您的名声不太好吧？"

谋士说了半天，信陵君拗不过他，就准备先接纳魏齐，然后让人护送他们去楚国。

然而已经晚了。

魏齐听说信陵君拒绝接纳他们，觉得做人做到这个份儿上，真是太失败了。连累了朋友不说，还四处受辱。他长叹一声说："也罢，不就要我人头吗？给他算了。"于是，拔剑自杀了。

魏齐的一生是悲剧的一生。他的悲剧给我们的启示就是：弱者不会总弱，强者不会恒强。要学会尊重每一个人，哪怕他看起来是弱者。

虞卿的结局亦颇令人感慨。他最后被困于大梁，穷愁潦倒，不得已钻进白云山隐居起来，著书立说，写了《虞氏征传》《虞氏春秋》，可惜早就散失了。

魏齐一死，他与范雎的恩怨算是彻底了结。

在报仇雪恨的同时，范雎也并没有忘记报答自己的恩人王稽和郑安平。在他的大力推荐下，秦昭王后来任命王稽为太守、郑安平为将军。

在《史记》中，司马迁对范雎的评价是："一饭之德必偿，睚眦之怨必报。"也就是说，司马迁认为范雎敢爱敢恨，爱憎分明，但是心胸比较狭小。这就是成语"睚眦必报"的由来。

范雎真是这样的人吗？

未必。

作为秦国相国，范雎不遗余力地追杀魏齐，不置对方于死地绝不罢休。从表面上看，范雎的气量好像确实不大，但他这么做其实是有深意的。

当时，强大的秦国对魏、赵两国的觊觎之心已很明显。范雎和秦昭王双双出面，向赵、魏两国的君主和高官索要魏齐人头，除了借机显示秦国的声威外，更大的目的恐怕还在于试探魏、赵两国的反应，从而更好地为下一步的行动做出预判。

所以，从这个角度来说，范雎之“睚眦必报”，其实与度量并没有太大的关系，其意义已经远远超过了报复一个仇家。

第十三章

成败皆有缘由

尽信书，只能输

书本上的知识固然重要，但如果过于迷信书本知识，恐怕就有些不妙了……

随着魏齐自杀，秦国暂时没什么借口拿魏国开刀了，魏国算是躲过了一劫。

其实，秦国真正的目标是赵国。但赵国在赵武灵王实行胡服骑射之后，军事力量很强大。同时秦、赵之间隔着韩国，秦国要想打赵国，就得先占领赵国的侧翼，也就是当时属于韩国的上党地区。另外韩国跟秦国地形交错，也是秦国的心腹大患，所以秦国大军于公元前 262 年率先对韩国发动了猛烈进攻。

韩国是战国七雄中地盘最小、国力最弱的，哪里抗得住秦国虎狼之师的进攻！不得已，韩国国君只好丢车保帅，命令放弃上党地区。但是上党地区的韩国守军却不愿这样做，而是将这一片大好河山献给了赵国。

赵孝成王一开始也很犹豫，因为上党地区就像一块烫手的山芋。要吧，肯定得罪秦国，很可能招来一场恶战；不要吧，岂不寒了上党军民的心，以后谁还愿意依附赵国？再说，天上掉馅饼，不吃白不吃。最终，赵孝成王还是一咬牙，接收了上党地区。

眼看到手的肥肉被赵国拿走了，秦昭王的恼怒可想而知。厉兵秣马两年后，秦昭王命令大将王龁率大军进攻上党。

日渐长大的赵孝成王似乎胆量也在增长，他不甘示弱，立刻派老将廉颇率数十万大军前去抵御。可是廉颇一行人刚到长平（今山西高平）的时候就听说上党已经被秦军占领了，廉颇只好驻军长平，准备跟秦军死磕。

可是几场战斗打下来，赵军死的死、伤的伤，没占到一丝便宜。老谋深算的老廉颇知道硬拼不行，就命令部队修筑壁垒，整天守在里面不出战。

廉颇的策略很简单，就是“耗”：秦大军远道而来，每天要吃要喝，还要武器装备，得需要多少军粮多少钱啊？看我不耗死你！

果真，双方耗了一阵后，王龁首先撑不住了。可他又想不出好的应对之策，只好派人回去请示秦昭王。

秦昭王也没招，就让范雎给想个办法。范雎说：“一定要把廉颇那老家伙弄回去，然后让赵国换个年轻气盛、名气大却欠缺经验的统帅来跟秦军对阵。”

秦王问：“为什么呢？”

范雎解释说：“年纪大就成老油条了，像廉颇这样的，不好对付。名气不高的，赵王肯定不会用。经验欠缺的，就容易上我们的当。”

“可是这样的人上哪儿去找呢？”秦王着急地问。

“大王放心，我有办法！”范雎神秘地笑着说。

几天后，赵孝成王就听到老百姓在大街上议论：“廉颇那把老骨头都快散架了，秦国怕他个甚？赵括那么年轻力壮又帅气的小伙子，赵王就是不派他，真没办法！”

当时的赵括堪称赵国明星级人物，男人羡慕，姑娘倾慕。因为他是赵国名将赵奢的儿子，据说从小学习兵法，学得特别好，讲起来头头是道，连他老爹都说不过他。对这些，赵孝成王也是知道的。

加之年轻气盛的赵王本就对廉颇的“龟缩”战法一直有看法，因此听了坊间的议论后，叫来赵括，问他：“你能击败秦军，为国争光吗？”

赵括拍着胸脯说：“如果碰上秦国名将白起，那我还得考虑一下对付的办法。现在是王龁领兵，他算个什么东西，打败他易如反掌。”

赵王听了很高兴，立刻拜赵括为大将军，去接替廉颇。

赵括就要动身时，他母亲上了一道奏章，请求赵王别派她儿子去。赵王将赵括母亲叫来，要她说一说理由。

赵括母亲对赵王说：“他父亲赵奢临死的时候再三嘱咐，打仗是一件非常危险的事，就算处处都顾虑到了，也怕有疏忽的地方。赵括把战争当作闹着玩似的，一谈起兵法来，就眼空四海，目中无人。大王要是用他为大将的话，我们一家大小遭了灾祸还在其次，怕的是连国家都要断送在他手里。所以我请求大王千万别用他。”

赵王哈哈一笑说：“没这么严重吧！寡人已经决定了，就这样吧。”

赵括母亲见赵王用赵括之意已难以更改，便请求赵王许诺，无论将来赵括胜败，均与其家人无关。赵王同意了。

就这样，赵括带领二十万兵马，到了长平，取代廉颇成了赵军的统帅。这时，驻长平的赵军部队已达到了四十万，声势十分浩大。

统领着四十万大军的赵括表现得极为自信。他先是撤换了廉颇任命的一些将领，然后又下了一道命令，说：“秦军来挑战，必须迎头打回去；敌人打败了，就得追下去，不杀得他们片甲不留不算完。”

有个叫冯亭的劝阻他，把廉颇存心消耗秦国兵马的用意说了一遍。赵括轻蔑地看了他一眼，说：“老头儿就知道防守！”

这边范雎得到赵括替换廉颇的消息后，立即指派大将白起去替换王龁。

作为战国时期的一代名将，白起确实不简单。他到任后，就对赵括采取了诱敌之计，故意在第一条阵线上，布置了大批老弱残兵，给赵括以秦军力不能支的假象，诱使赵括下了决战的决心。

之后赵军果然出击。赵括新带来的二十万精锐打头阵，一路势如破竹冲杀秦军，直杀得秦军丢盔弃甲。

赵括大喜之下，命令全军全线出击，企图一举扫平秦军，而陷阱就在这时候布下了。

赵括一路追杀，没想到越打秦军越强，越杀秦军越多。等到赵括明白过来的时候，才发现自己身陷重围了。

原来，四十万赵军只顾着往前厮杀，可没想到自己的大本营却被秦军派遣的两万精锐骑兵占领了。

就这样，秦军端了赵括的老窝，卡断了赵括的后路。四十万赵军，活生生被秦国人包了饺子。

眼见败局已定，赵括却不屈不挠。之后，四十万赵军一直被秦军围困了四十六天，在断水断粮的情况下，士兵们甚至要靠吃同伴的尸体来维持生命。

赵括先后组织了四支突围部队，企图从秦军的包围圈里冲开一条口子，但是秦军极其顽强，死战不退。

数次突围失败后，赵括最终拿出了“狭路相逢勇者胜”的气概，率领饥寒交迫的赵军，向秦国人发动了最后一次决死的冲锋。然而奇迹没有发生，秦国人的弩箭轻松地射穿了赵括的重甲，这位被称为“纸上谈兵”的将军就这么阵亡了。

后来，人们就用“纸上谈兵”这个成语来形容那些只会夸夸其谈却不能解决实际问题的人。

赵括一死，四十万赵国压箱底的精锐部队也成了秦国人的俘虏。之后为彻底削弱赵国，这支军队被秦国人陆续杀死。一度可与秦国人一较长短的赵国军团，就这样主力全军覆没了。

有本事就要大胆表现出来

有些人总抱怨自己怀才不遇，但其实，你像毛遂那样做了吗……

长平之战后没多久，秦国趁赵国主力丧失殆尽的机会，挥师东进，把赵国的都城围了个水泄不通。

眼看着就要亡国了，赵国上下一片慌乱。那些天天把忠义放在嘴边、时时教育百姓要爱国的大臣贵族们，终于露出自己卑劣的本来面目。他们纷纷收拾金银细软，变卖田产，时刻准备逃跑。

作为一国之君，赵孝成王还是有点血性的。他既没有想过跑，也没有想过降，而是召集起那些还残留着一点忠心的大臣们，在朝堂上商议对策。

但是大家除了面面相觑，说一些安慰性的废话之外，一个有用的主意都拿不出。

就在赵孝成王将要绝望的时候，有一个人站出来说："事到如今，光用赵国的力量是不可能打退秦军的，唯一的办法就是找个人来拉一把。"

赵孝成王抬头一看，说话的不是别人，正是自己的叔叔——平原君赵胜。

这个主意虽然好，但明眼人都知道其中存在两个问题：第一，找哪个人来拉一把？第二，派谁去找这个人？

朝堂上陷入一片沉默中，大家纷纷低下头，欣赏自己的脚。

"争权夺利的时候吵得比谁都响，遇到难事的时候个个装聋作哑，都是些什么玩意儿？"平原君在心里暗骂了一句，然后把这事儿揽了下来了。

平原君第一个要去说服的是楚国。散朝之后他马上回到家里，要找二十个文武兼备的门客，一同前往。

当时，平原君虽然号称家里养了三千门客，但是这帮人除了会喝喝酒、侃侃大山，时不时编几个段子外，有本事的真没几个。

因此，任平原君挑来挑去，也只挑出了十九个，横竖还差一个。

平原君很是沮丧。

这时，有个叫毛遂的门客对平原君说："既然还少一人，就让我跟随您走一趟吧！"

平原君说："您在我府里待了几年？"

毛遂答道："我已经为您效力三年了。"

平原君上下打量他，见他貌不出众，不免大失所望，说："我听说，有才能的人活在世上，如同一把锥子放在袋子里，不需要多长时间，它的尖就会穿透袋子，露出锋芒。你已经在我府中待了三年，却没有一个人称赞你，我也没听别人谈起你的本事。此去楚国，千难万险，只怕先生不能胜任吧！”

毛遂见平原君瞧不起他，既没生气，也没着急，只是胸有成竹地说道：“您说的话有些道理。可是，我的锋芒没从袋子里透出来，是因为您从来不把我放到袋子里面。今天，如果您给我一个机会，我一定还您一个惊喜。”

听了毛遂的话，那挑选出来的十九个门客你看看我、我看看你，都忍不住笑起来。平原君倒很佩服毛遂的胆量和口才，决定用他去试一试。

这就是成语“毛遂自荐”典故的由来。

再说平原君一行人来到楚国后，很快见到了楚国国君考烈王。平原君就和考烈王在朝堂上谈合纵抗秦的事情，毛遂则和其他十九个门客在台阶底下等着。

从大清早一直谈到晌午，平原君为了说服楚王，把嘴皮子都磨破了，楚王还是不同意出兵。

平原君那些平素吃喝玩乐惯了的门客们早就饿得肚子咕咕叫了。其中有一个就很不耐烦地对毛遂说：“毛先生不是夸下海口，说能说服楚王吗？现在正是时候，你怎么不上啊？”

别的门客也都附和起来。

毛遂瞧了他们一眼，带着剑大步流星地就走了上去。走到平原君的身边后，只见他双眉竖起，两眼圆睁，声若洪钟地说道：“先生，合纵抗秦之利害关系两句话就能说清楚，您怎么和他从早上说到现在，还是没说成？”

楚王见来了位不速之客，有些生气地问道：“这是何人？”

平原君说：“是我的门人。”

楚王喝道：“还不给我下去，我正和你家主人商量大事，你来干什么？”

毛遂按着剑又向前跨了一步后说道：“你嚷什么呀！你是不是以为你们楚国有十万大军我就怕你了？你不知道我们之间只有十步远吗？你觉得你的十万大军还有用吗？”

楚王差点儿被吓傻了，心想这赵国怎么尽出不要命的人？一时不知说什么好。

楚王一不说话，毛遂就知道这家伙是个什么货色了。张嘴就开始滔滔不绝地说起来，说的内容不外乎什么堂堂五千里大国居然被秦国压得抬不起头来，赵国要是灭亡了下一个就是楚国之类的。

楚王虽然被一个门客教训了一顿，但觉得他说的话确实在理。心想这赵国真是人才辈出，和他们结盟也许不是一件坏事。于是就说："那就依这位毛先生的话，我们楚赵两国结成联盟，共同抵抗秦军。"

毛遂怕他只是敷衍，又问："合纵的事是不是就定下了？"

楚王说："当然是定下了。"

毛遂就对的楚王的侍者说："快取鸡血、狗血、马血来。"一会儿，血取上来了，毛遂接过盘子，跪在楚王的面前，将血举起，说："请大王和我家主人歃血为盟。"

楚王一一照办了。

就这样，凭借毛遂的勇敢和智慧，楚赵两国结成了战略同盟。

你敬我一尺，我敬你一丈

人们大多知道"窃符救赵"，却很少有人知道这个故事背后的含义……

楚国和赵国结盟之后，楚王派春申君黄歇为大将，率领大军奔赴赵国。同时，魏国也接受赵国的求援请求，派大将晋鄙率军前去救援赵国。

秦昭王听说魏、楚两国都要发兵，心里多少有些发怵，就派人威胁魏国安釐王说，无论你救与不救，赵国都是要被我灭亡的。但如果你救了，那我灭亡赵国后，第一个收拾的就是你。

魏王被吓唬住了，就派人通知晋鄙停止进军，留在邺城扎营驻防，以观望形势的发展。

由于赵、楚两国相距较远，此时的楚军还在路上。因此赵孝成王非常着急，就让平原君给魏国的信陵君写信求救。

平原君的夫人是信陵君的姐姐，两家是亲戚。而信陵君也是现在魏王的同父异母弟弟，等于平原君跟魏王也有亲戚关系。

但是，亲戚归亲戚，形势归形势。无论信陵君怎样请求，魏王就是按兵不动。

信陵君深知唇亡齿寒的道理，不愿眼看着赵国被秦所灭，就自己筹集了车马，带着门客们去援赵。走到城东门的时候，他把自己的想法告诉了一个叫侯嬴的人，希望侯嬴能为自己出出主意。

侯嬴，少时家贫，长大后仍然衣食无着落，后来成为魏都大梁东门的一个守门小吏，方才混得一碗饭吃。

其实，侯嬴这个人很不简单，胸中充满着文韬武略。只是他为人低调，并不喜欢自我表露，因此直到七十岁都还没有什么大的作为。

有一天，信陵君无意中听门客们说起了侯嬴的情况，便带着贵重的礼品去看望他。但是侯嬴不肯接受，他说："我几十年来修身养性，敦品励行，功名利禄已与我无缘。我可不会因为位卑家贫而接受您这么贵重的礼物。"

侯嬴对待财物的态度更加引起了信陵君的兴趣。

不久，信陵君大摆酒席，宴请宾客。等大家来齐坐定之后，他带着车马以及随从人员，亲自到城东门去迎接侯嬴。

侯嬴听说信陵君请客，也不推让，收拾一下破衣破帽后，毫不客气地坐在了信陵君空出来的左边的座位上，丝毫没有谦让的意思。

走到半路，侯嬴让信陵君停车，说："我有个朋友在市场里卖肉，就委屈你一下，随我一同去看看我的朋友吧！"

信陵君毫不犹豫地跟着侯嬴来到了市场。侯嬴的这个朋友名叫朱亥，是个卖肉的屠户。侯嬴也不管信陵君着急不着急，站在那里和朱亥聊了起来。

信陵君的随从们知道府上还有好多宾客在等着他们回去，就都在心里骂侯嬴看不准火候。可是侯嬴不管这些，和朱亥聊了很久才回到了车上。

到了信陵君的府上，信陵君引着侯嬴坐在上位，并当着全体宾客的面赞扬了侯嬴。满堂宾客无不惊异。

大家酒兴正浓时，信陵君又站起来，走到侯嬴面前举杯向他敬酒。直到这时，侯嬴才站起来对信陵君说："刚才我难为了您，其实是想看看您是不是像人们传说中的那个样子。我不过是个抱门闩、看城门的人，本不配公子亲自驾车去接，而公子却去接了。所以我故意招摇过市，是想让人们进一步认识公子谦让下士的品性。"

信陵君由此更加敬重侯嬴，将他视作上宾。后来，信陵君也曾多次去给朱亥送礼，但是人家根本不搭理。不过信陵君只是觉得朱亥脾气怪而已，从没放在心上。

然而令信陵君没想到的是，当他把自己要去同秦军拼命的情况告诉侯嬴后，侯嬴却淡淡地说："老臣我年纪大了，上阵厮杀这种事儿干不了，就不跟您去了。"

信陵君走了几里路，心里很不痛快，心想："平时我对你侯嬴够好的了，我此次赴死，你不随我去就罢了，怎么连句送别的话都没有呢？"于是又赶着车子返回来，想问问侯嬴是怎么回事。

这时侯嬴早就站在城门前迎候了。见信陵君回来，便说："我就料定公子会回来的。公子重名士，世人皆知。如今遇到危难之事，不充分发挥名士们的作用，却要同秦军拼命，这同拿肉往虎口里塞有什么区别呢？"

信陵君知道侯嬴有更好的办法，就下拜问计。侯嬴支开旁人，悄悄对信陵君说："带兵打仗要靠虎符（即刻成老虎形状的兵符。古时的兵符是分成两半的，出兵大将拿一半，君王拿一半。君王传令的时候必须要用兵符，两半合上之后才能算数），现在魏王那一半就放在他的卧室里。如今魏王最宠爱的妃子是如姬，她每天都能出入魏王的卧室，一定能把这个东西偷出来。我还听说，如姬的父亲被人杀死，是公子派人帮她找到仇人的，她一定对您心存感激。假如公子开口请如姬帮忙，她一定会答应您。那么就可以得到虎符而夺了晋鄙的军权。如此一来，赵国不就有救了吗？”

信陵君依计而行，果然从如姬那里拿到了虎符。

就在信陵君拿着兵符准备出发时，侯嬴又提醒他说：“将在外，君命有所不受。您虽然有虎符，那晋鄙也不一定把军权交给您。您不妨把朱亥带着一同前往，朱亥是个大力士。如果晋鄙顺利交出军权，则罢了；如果不交，就让朱亥弄死他。”

信陵君一听，心想：“晋鄙是一个叱咤风云的老将，估计他不会老老实实把兵权交出来，那就是非死不可啊！”当下有些于心不忍。但伤感归伤感，事情又紧急，该杀还得杀。

于是信陵君遵照侯嬴的嘱咐，去请朱亥。

朱亥说：“我不过一个屠夫而已，可是公子竟多次登门看望我。我之所以不回拜答谢您，是因为我认为小礼节没什么用处。今天有用得着我的地方了，我一定跟随公子前往，万死不辞！”

眼看一切都安排好了，侯嬴又对信陵君说：“我本应随公子您一起去，可是老了心有余而力不足。但我会计算您的行期，您到达晋鄙军营的那一天，我将面北刎颈而死，以此表达我对公子的一片忠心。”

信陵君非常感动，流着眼泪带着朱亥出发了。果真如前所料，当他到达晋鄙军营出示虎符后，晋鄙并不相信这件事。他抬头看着信陵君说：“现在你只拿了一个兵符又没魏王的其他信物就想代替我，怎么能行！我要奏明大王才能照办。”

随从的朱亥见状，大喝一声：“你不听大王命令，难道想造反吗？”边说边掏出四十斤重的铁锤，打死了晋鄙。

信陵君顺利掌管了晋鄙的军队。随后他挑选出精兵八万，向秦军发起进攻。秦将王龁没有防备魏国军队突然杀到，手忙脚乱抵抗了一阵后，败退而去，赵国由此得以保全。这就是历史上著名的“窃符救赵”的故事。

就在信陵君到达晋鄙大营的那一天，侯嬴果然践行诺言，面向北方自杀了。

人们不禁要问：侯嬴为信陵君窃符救赵立下了汗马功劳，也是赵国间接的恩人，他为什么一定要自杀呢？如果他不自杀又会有怎样的结局？

对这个问题的看法从古至今难有定论。不过，至少有两条原因包含其中：

首先，晋鄙是一位屡立战功、受人崇敬、忠心为国的将军，但是为了救赵存魏，侯嬴不但出主意，而且还派朋友朱亥用四十斤重的铁锤杀死了他。这件事应当令侯嬴自责愧疚不已，因此有了以死赎罪的念头。

还有就是，俗话说“没有不透风的墙”，侯嬴献窃符计在先，谋划杀晋鄙在后，这两件中任何一件泄露出来都够灭族的罪。尽管侯嬴在向信陵君献计时支开了众人，但魏国的王侯将相都知道信陵君有一位座上宾叫侯嬴。因为在那次为请侯嬴而设的宴席上大家已经见识了，这就为有人向魏王禀报提供了可能。再有以魏王对信陵君的了解，他知道这个弟弟想不出这种计策，也下不了狠手杀晋鄙，所以一定会猜测到是侯嬴这位高人指点。这样一来，侯嬴及其家族的结局可就惨了。

当然，原因肯定不只这两点。侯嬴之自杀，自然殊为可惜。不过他的经历也告诉人们，他之所以心甘情愿为信陵君付出一切，不过是因为信陵君给予了他足够的尊重。正所谓：“你敬我一尺，我敬你一丈。”

信然。

第十四章

一个崭新的开始

商人吕不韦的“长线投资”

乱世之中，大商人吕不韦独具慧眼，居然做成了一桩对中国历史影响巨大的“买卖”……

在毛遂、信陵君以及侯嬴、朱亥等人的帮助下，赵国免于亡国，赵国君臣自是皆大欢喜。然而就在此时，赵都邯郸城里却有一位秦国的公子因为赵国免于灭亡，感慨万千，心情复杂。

这位秦国公子叫异人。

异人并不是“怪异的人”或者“野人”，而是秦国当朝太子安国君的儿子。那么这个正牌的秦国王孙，怎么会出现在赵国的都城呢？这跟当时各个国家之间流行的质子制度有关。

所谓“质子制度”，就是两个诸侯国讲和之后，为了互相取得信任，往往要把一个王子或者王孙作为人质送去对方，以保证两国的协约贯彻落实。这种人质就被称为质子。质子制度在春秋战国时代非常盛行。

通常来说，力量弱小的一方为了免遭欺凌，大都愿意把自己的儿孙送到力量强大的一方去做人质。但其实，在那个年代，力量强大的一方也常常把自己的儿孙送到弱小的一方做人质。一方面是表示对弱国的尊重，另一方面也是安抚弱国的一种办法。

不过，这种质子制度大多是一种形式而已，起不了太大的实际作用。一旦两国开战，第一个遭罪的就是这些人质。所以，各国国君都不会把太子或自己宠爱的公子送到敌国当人质。做人质的，要么是庶出的儿子，要么是不受国君待见的家伙。

当时秦国安国君有子二十余人，异人又是庶出，排行居中，其母夏姬又不得宠。因此，当秦、赵两国打完仗要和谈的时候，到赵国当人质这种光荣而艰巨的任务，自然就落到了异人的身上。

赵国君臣都是些势利眼，他们很清楚异人在秦国是什么地位，因此也没有给他相应的公子礼遇。异人的生活甚至连秦国普通百姓都不如，想吃顿饺子都得自个儿上街买韭菜鸡蛋去，还得三两月才能吃上一回，完全成了一个落魄王孙。

为了开开荤，异人有时不得不借王孙的身份去各种宴会蹭饭吃。就这样，在一次邯郸商业界举行的欢迎卫国大商人吕不韦的晚宴上，结识了吕不韦。

吕不韦不但生意做得很大，而且颇有政治眼光。他精明地意识到把宝押在异人这位暂时不得志的王孙身上，比买卖珠宝更有利可图。正如他所说：投资在田地上，终日辛苦劳作，即使收成好至多只能获利十倍；投资在珠宝上，每天奔走买卖，即使运气好也只能获利百倍；而投资在政治上，帮助一个人为君安国，一旦成功便可享一世荣华，还可福泽后世。

“有钱能使鬼推磨”，吕不韦先设法贿赂了监督异人的卫兵，方便自己与异人结交。当然最重要的还是取得异人的信任，这一点并不算太难，因为异人身在异乡，举目无亲。有个人愿意听他诉说苦楚，替他设想将来的政治路途，他真是感激涕零，很快就视吕不韦为心腹。

一天，吕不韦对异人说：“公子的母亲不受贵国太子的宠爱，太子宠爱的是华阳夫人。但华阳夫人没有生下儿子，按制度，要立哪位王子为嫡长子，华阳夫人起着决定性的作用。”

异人点了点头，十分痛苦。

吕不韦笑着说：“现在，你有二十多个兄弟，而你年龄居中。一旦当政的秦王去世，你的父亲安国君即位，你要被立为太子几乎是不可能的。”

异人低头不语。

吕不韦又说：“我见公子颇有胸襟气度，志向也不小，因此我愿意倾尽家财帮你上下打点！”

异人如逢救星，感激涕零：“如果您能够助我当上秦王，我愿意将江山与您共享！”二人遂结成同盟。

吕不韦身为商人，又壮年多金，自然走到哪里都不甘寂寞。他很快就与一个姿色美艳、善于歌舞的邯郸女子同居，这个女子人称赵姬。

有一次，异人跟吕不韦一起饮酒聊天，看到赵姬之后，非常喜欢，就请求把这个女人转让给他。

吕不韦一开始不愿意，但转念一想：“我已经为他破费了大量家产，再搭一个女人算什么呢？小不忍则乱大谋。”就慷慨地把赵姬献给了异人。

赵姬被献给异人时，传说已有孕在身，跟了异人十二个月后，于公元前 259 年初，顺利地生下了一个儿子。因为生在正月里，异人便为儿子取名为“政”。又因秦国国君姓嬴，这孩子便叫嬴政。

这嬴政到底是异人的儿子还是吕不韦的儿子？那会儿没有亲子鉴定，直到今天，有些人依然为此事吵来吵去。

嬴政出生时，据说天降种种异象，依稀就是伟人降世之兆。吕不韦暗自高兴，觉得他自己的宏伟计划就要实现了！但他也知道，要让美梦成真，就必须要异人回到秦国去做太子才行。

怎样才能达到这个目的呢？吕不韦认为还是得从华阳夫人入手。

稍事准备后，吕不韦携带重金来到秦都咸阳，通过华阳夫人的弟弟阳泉君的引见，见到了华阳夫人。

吕不韦对这位有着绝色美貌的妇人说道：“您的丈夫安国君不久便可能继承王位了。您深受宠爱却无子，这对您来说是一件十分不利的事。”

华阳夫人也感到事态危险，不由花容失色。吕不韦胸有成竹地说：“现在在赵国当人质的异人，生性十分恭顺，但他的生母不讨太子欢心。如果您认异人为子，劝安国君立之为太子，异人一定不忘您的大恩！”

华阳夫人很爽快地点了点头——吕不韦带来的大量钱财珍宝，不正是异人对她忠贞不贰的最佳证明吗？

不过，这边刚搞定，那边又出了点状况。

公元前 257 年，秦国兵临赵国邯郸城下，邯郸危在旦夕。如同热锅上蚂蚁般的赵国君臣，竟想出杀死异人，以解邯郸之困的方法来。异人也算命大，一个素与他交好的赵国官吏提前把这个消息告诉了他。他急忙与刚返回赵国不久的吕不韦商量。吕不韦于是出钱买通城门官吏，与异人一起逃出邯郸城，返回了秦国。

异人回到秦都咸阳后，华阳夫人认他为儿子。因为华阳夫人有着楚地血统，所以异人改名为子楚。此后，华阳夫人不断在安国君那里吹枕边风，说异人如何如何孝顺、有作为，应该立他为接班人。安国君最终同意了华阳夫人的请求。吕不韦的计划实现了最重要的一步。

公元前 251 年，在位五十多年的秦昭王病逝。太子安国君即位，是为秦孝文王。孝文王即位后，华阳夫人被立为王后，子楚被立为太子。

这时秦赵两国关系已经缓和。赵国出于种种考虑，就风风光光地把赵姬母子送归秦国。十岁的嬴政在邯郸度过了艰苦的童年生活后，终于回到了秦国。

不久，一件意外的事情发生了。这天，为秦昭王居丧的安国君，安排完朝中杂务回到宫中后，觉得很累，往床上一躺就睡着了，结果再也没醒过来。

秦国上下深感震惊，老爹昭王在王位上干了五十几年，儿子这就完了！这遗传基因一点都没起作用啊？所以大家都认为安国君可能是非正常死亡，极有可能被人下药了。大家觉得最有嫌疑的人就是吕不韦，但是没证据。因此，这也成了一桩历史谜案。

孝文王一死，子楚即位，这就是秦庄襄王。庄襄王尊华阳夫人为华阳太后，自己的生母夏姬为夏太后，赵姬为王后，嬴政为太子，吕不韦为相国。

按理说，无论是吕不韦还是赵姬，他们都得到了自己梦寐以求的东西，该满足了。然而，正所谓“人心不足蛇吞象”。很快，他们就因自己的欲壑难填，招来了祸事。

除却心头大患

“卧榻之旁，岂容他人鼾睡！”当权力受到威胁时，秦王嬴政是不惮于出手的……

回到秦国成为王后的赵姬，很快就学会了怎样做一位高高在上、乐享清福的王后。然而，她无论如何也忘不了自己和孩子当初在赵国的苦日子。

当年异人和吕不韦逃回秦国后，赵姬带着幼小的儿子辗转来到邯郸乡下，买了两亩薄田，靠种些粮食蔬菜勉强度日。孤儿寡母无依无靠，时常受到村中无赖的骚扰。这样的日子一过就是几年。

如今日子好起来了，补偿的心理油然而生，野心的种子也开始在赵姬的胸中慢慢地生根发芽。

本来，赵姬在赵国落难时是恨吕不韦的。可如今，吕不韦让她享受到了帝王家的荣华富贵，这使得她对吕不韦又心存感激。因此，每每看到吕不韦那依旧成熟伟岸的身姿，她就会回忆起少女时候的情萌意动，处处想找机会鸳梦重温。但是初步实现了政治抱负的吕不韦开始关注于朝政，无暇他顾，对赵姬便有些冷淡。此时的赵姬因此就黏着已成为国君的丈夫庄襄王。

可惜庄襄王是个苦命之人，好不容易熬上了王位，仅仅三年时间便去世，年仅三十五岁。

庄襄王一死，十三岁的太子嬴政顺理成章即位。赵姬也成了赵太后，吕不韦则被加封为“相父”。由于嬴政年纪尚小，政务均由母亲赵太后和相父吕不韦处理。

重新成为孤儿寡母后，吕不韦的态度很是令赵姬担忧：他根本没把年幼的嬴政放在眼里，对赵姬也是不冷不热。赵姬十分害怕有朝一日吕不韦会除掉他们母子取而代之。然而这到手的富贵是任谁也舍不得放弃的，何况是饱尝人间冷暖的赵姬呢？于是，她便绞尽脑汁要重新讨得吕不韦的欢心。

赵姬的办法就是，不断地在儿子面前提及吕不韦的好处。此时的嬴政还少不更事，只能听从母亲的话，对吕不韦愈加信任和放纵。吕不韦的权力随之越来越大，几乎代理了一切政务，出入王宫就像出入自家一样自由。

后来，赵姬请求去渭河以南的甘泉宫里居住，说是让出后宫给将来的王后。接着，她一而再、再而三地派人去请吕不韦来赴各种名义的宴会。吕不韦开始时还顾及太后新寡，不肯常去。后来见无人敢议论，而小嬴政也年幼无知，便逐渐大胆起来。二人由此旧情复燃。

但是，吕不韦终究不是一个贪欲无度的人，他更愿意把自己的精力投入到秦国的富强和兼并事业中去，何况他已年过中年。与太后有染于他的名声也不利，一旦传出去会影响到他日渐稳固的政治地位。于是，他想到了一个李代桃僵的计策。

吕不韦花大价钱在民间找到一个叫嫪毐的人，让他假充宦官，进入太后宫中为其“服务”。这嫪毐可不是一般人。凭着自己的超强的“本钱”和一张巧嘴，嫪毐深得太后宠爱。从此，二人每天如胶似漆地缠绵一处，形同夫妻。

赵姬对嫪毐的宠信超过了一切。嫪毐要什么赵姬就给什么，甚至还请求嬴政封给他属地和爵位。嬴政遵照母愿将嫪毐封为长信侯，赐给他山阳的土地为住所，河西、太原郡为封田。

嫪毐还不满足，仗着太后对他的溺爱，狂妄自大，为所欲为。在朝廷上，他罔顾吕不韦的知遇之恩，竟想跟这位“相父”大人分庭抗礼，争权夺势。

朝臣当中有许多趋炎附势之辈，见嫪毐确实更加得宠于太后，于是纷纷离开吕不韦，投靠嫪毐。一时间，嫪毐门下的宾客竟多达千余人，以嫪毐为首的“后党”集团成为仅次于吕不韦的又一股政治势力。

公元前239年，嬴政已经二十一岁，按秦国制度，第二年就要举行加冠亲政的仪式。就在同一时间，吕不韦召集宾客三千人编撰的《吕氏春秋》完成。

吕氏春秋一书，全面阐述了当时新兴地主阶级要求改革的思想。书中的许多思想，特别是“世易时移，变法宜矣”等思想，成为后来嬴政执政的指导思想。

但吕不韦千不该万不该的是，将《吕氏春秋》一书示威性地挂在城门前让人纠错；而此时，嫪毐和他手下的人也蠢蠢欲动。两个集团分别向秦王嬴政弄权示威。

面对“吕党”和“后党”两大集团的嚣张气焰，已经渐渐长大的嬴政未动声色。

公元前 238 年，嬴政到秦故都雍城的蕲年宫举行冠礼。嫪毐乘机发动暴乱。不料嬴政早有戒备，立刻命令昌平君等人率军镇压，活捉嫪毐。这年秋，嫪毐被车裂，诛灭三族，党羽皆枭首示众。至此，“后党”集团被消灭。

追根究底，相国吕不韦是当年嫪毐进宫的始作俑者，这自然就牵连到他身上。嬴政本来就想借嫪毐案件诛杀吕不韦，一并清除吕氏集团。但是吕不韦辅佐先王继位的卓著功勋众所周知，加之他在秦国也有深厚的根基，操之过急难免败事，因而嬴政暂时没有动吕不韦。

又过了一年，亲政后的嬴政已经站稳脚跟，于是免去吕不韦的相国职位，将他轰出秦都咸阳，迁居封邑。

吕不韦回封地居住期间，齐、楚、燕、韩、赵、魏六国国君频繁地派人到洛阳向他请安。为防止吕不韦与六国勾搭。公元前 235 年，嬴政决定置吕不韦于死地，根除祸患。他派人给吕不韦送去一封书信，信中将吕不韦肆意羞辱了一番，然后命令他滚到当时极为偏远的蜀郡去住。

心高气傲的吕不韦哪里受得了这番凌辱，自度不免一死，于是服毒自尽。秦王嬴政终于彻底解除了自己的心头大患。

这个时候，秦国已占有了天下大量的土地和财富。秦国的控制区域，已包括（或部分包括）今天的陕西、甘肃、宁夏、四川、山西、河南、湖北、湖南等地。

对于二十多岁的年轻秦王来说，此时的他仿佛是一个站在球门前的射手。他的前代君王们经过一轮轮配合，已经将皮球很舒服地送到了他的脚下，他所要做的只是完成最后的临门一脚——统天下。

堡垒最容易从内部瓦解

当正面交锋打不过的时候，有些人就会使出一个阴招——反间计……

秦王嬴政铲除内患后，随着国内局势的稳定，秦国国力又开始了新一轮的增长。

此时，战国七雄当中国力最弱小的韩国怕秦国东进吞并自己，就派了一个叫郑国的水利工程师，到秦国鼓动兴修水渠。这条水渠将泾水引入洛水，长三百余里，投资巨大。韩国人的目的是想以此削弱秦国的人力和物力。

一开始，秦王见郑国将山河地利分析得头头是道，就接受了他的建议。但不久之后，郑国帮秦国修渠的目的就暴露了。

一怒之下，秦王想要治郑国的死罪，但是郑国的肺腑之言却让他改了主意："这个水利工程，只能帮韩国多延续几年的国祚，却能让秦国收百年之利。"眼光长远的秦王，因此将这个水利工程继续了下去。这才有了后来闻名于世的郑国渠。

郑国渠的建成，把关中变成了八百里秦川沃野，对于发展和繁荣秦国和后世这一区域的经济，起到了很大的作用。

但被人欺骗的感觉总是不好的，加之此时，秦国相继破获了几起间谍案，而这些间谍无一例外都是列国派往秦国做宾客的人。这些人一直被叫作"客卿"。

秦王一怒之下，就发布命令，要求那些滞留在秦国的客卿们，必须限期全部离开秦国。

消息一出就炸了锅，众客卿怨声载道。但你埋怨又有什么办法，秦国法律森严，不听话就要被严惩，还能咋办？

这时候，一个年轻的客卿站了出来，他大胆地抨击秦王的政策，认为秦王这样做是把人才都赶走，属于自己拆自己的台。

这番大胆的上奏，反而得到了秦王的赏识。这个年轻的客卿，就是后来的秦国相国李斯。

正是由于李斯的进谏，秦王不但收回了驱逐客卿的命令，反而从中大力选拔人才。来自魏国的尉缭，正是在这时凭借自己的渊博学识和远见卓识赢得了秦王的赏识。

此时，解除了内忧并已完全掌握了国家权力的秦王嬴政，开始积极向外扩张。尉缭对此给予秦王的建议是，兼并六国不难，关键是要循序渐进，采取软硬兼施的策略，用远交近攻的方法完成大业。

秦王完全听从了尉缭的建议。

统一六国的战争，始于公元前 230 年。秦王嬴政采取的是先易后难的方式，打击的第一个目标，选择了当时奄奄一息的韩国。这一年，秦王派内史腾兵渡黄河，攻打韩国。这场出兵只不过是例行公事，韩国早已经没有抵抗能力了，只是和秦国稍微接触了几下，就立刻缴械投降。弱小的韩国就这样率先灭亡。

秦王嬴政之所以第一步先打韩国，当然有“吃柿子先挑软的捏”的意思，但也并非完全如此。

依照尉缭的设计，秦国一统天下的路线图应该是这样的：先占领韩国作为跳板，然后灭掉韩国南北的两翼，最后灭掉最东边的齐国。这是一个非常明智的战术，可以通过包围的态势，吞并掉各诸侯国，更可以让秦国避免可能遭受的夹击。

初战告捷以后，秦国的第二步却碰到了小麻烦。

秦国的第二步是灭赵国。公元前 229 年，秦国由大将王翦率兵攻打赵国，然而当他听说赵国的统兵大将是李牧后，心里直打战。

李牧原本是守备赵国北部边境的将领。赵孝成王在位时，他就镇守北边，抵御匈奴。在抗击匈奴的斗争中，李牧表现出了非常杰出的军事才能，数次大败匈奴，以至于很长时间匈奴兵都不敢入侵赵国的边境。李牧也就成了赵国后期最重要的将领。

除了对匈奴没有败绩，李牧对付强大的秦军也依然如此。

公元前 233 年，李牧大败秦将桓齮。

公元前 232 年，李牧再次大败秦军。

正是由于秦军多次被李牧打败，因此秦军主将王翦认为，如果不想法除掉李牧这家伙，秦军就很难在战场上取得决定性的胜利。但使用武力硬拼，他连三成的把握都没有。当他将此情况禀告秦王嬴政后，秦王使出了反间计。

一方面，秦王让王翦和李牧打打谈谈，故意拖延时间；另一方面，秦王派奸细到邯郸，再一次用大量金银财宝贿赂赵王的宠臣郭开。

根据史书的记载，郭开本人并无多大的本事。但他能说会道，办事有方，尤其擅长溜须拍马，而且深谙君王之心，因此总能讨得君王的欢心。

公元前 245 年，赵孝成王去世后，其子赵偃即位，是为赵悼襄王。郭开是悼襄王赵偃做太子时的伴读，二人打小就是十分要好的朋友。赵偃即位后，郭开成了他的心腹重臣，朝中许多大事都和他商量。郭开由此集万般宠爱于一身，成了赵国炙手可热的权势人物，而且还引起了秦国的注意。

当时秦国欲攻打赵国，但他们一直忌惮廉颇的勇猛，于是就派了一个叫王敖的间谍悄悄来求见郭开，送给他许多金银珠宝，要求他帮忙除掉廉颇。

一开始，王敖并不知道郭开是什么态度，因此话说得非常委婉。没想到话刚说了一半，郭开就一口答应下来。这让王敖都有些吃惊，不太相信身为赵国大臣的郭开会如此轻易就答应，便迟疑地问道：“你不怕赵国灭亡吗？”

郭开毫不犹豫地回答：“赵国的存亡是整个国家的事，可廉颇是我个人的仇敌。国家的事应该天下人共同来办，而我的事必须我自己解决。”

为泄一己之私愤，置国家安危于不顾，这就是小人的逻辑。据说王敖听完这句话后也被震惊得合不拢嘴。

这时的廉颇正奉命率军攻打魏国，已经攻占了魏国的繁阳，正准备继续向前推进，夺取更多的城市和土地。郭开怕他再次立功，就急忙拿着一封信向赵悼襄王揭发廉颇，说："如今外面沸沸扬扬，到处都在传说廉颇居功自傲，有不臣之举。如果他率兵谋反的话，大王将会无法控制，不如罢免其兵权，以免除后患。"

赵悼襄王原本对廉颇就无好感，如今听郭开这样一说，立刻就决定罢免廉颇的兵权。他命武襄君乐乘率三千士兵往前线收回廉颇的兵符，代替廉颇指挥前线大军。

廉颇乃堂堂赵国大将，身经大小战役数百次，为赵国立下了无数的战功。如今新王刚刚即位，不但不表扬他的战功，还罢免他的兵权，他如何咽得下这口气？

盛怒之下，廉颇不但拒绝交出兵权，反而率军攻打乐乘，吓得乐乘连夜逃回都城邯郸。

廉颇知道自己的行为已经得罪了赵王，再回赵国肯定是死路一条。无奈之下，只好逃到了魏国。

那么，郭开跟廉颇到底有什么冤仇？他为什么认为廉颇是他的仇敌呢？

其实这事说起来很简单。

郭开本是个不务正业，也不正经的人，平常同僚聚会时，时常讲些荤笑话。这让一身正气的廉颇很是看不惯，曾站出来狠狠地斥责了他几回。

这让郭开很是不爽，一直都在伺机逼走廉颇。这次机会来了，怎会错过？

后来，鉴于赵国国内几无大将可用，大臣们一再要求请廉颇回来，重振赵国军威。赵悼襄王无奈之下，只好打算顺应民意。

郭开的心里甭提有多难受了！这不难理解，倘若廉颇再回赵国，郭开还能好过吗？于是他当机立断，立即拿出黄金二十锭，神不知鬼不觉地买通前去召回廉颇的使者。

等使者在魏国见到廉颇说明来意后，廉颇非常激动。他做梦都想着重返赵国，为国效力。然而使者表示对他的年龄有些担忧，为了证明自己没有老，廉颇不但当着赵国使者的面一顿饭吃了一斗米、十斤肉，还披甲上马，威风凛凛地舞了一通，看得使者也不住地赞叹（这就是典故“廉颇老矣，尚能饭否”的出处）。

使者回去向赵悼襄王报告说：“廉将军虽然老了，但饭量还很好。”这时，站在赵王旁边的郭开咳嗽了一声，并阴险地瞪了使者一眼。使者会意，急忙又说：“可是就一顿饭的工夫，却拉了三次屎。”

赵悼襄王一听，不禁长叹一声说：“廉颇已老矣。”于是不再召回廉颇。

公元前236年夏天，赵悼襄王病死于宫中，赵迁以太子的身份即位，是为赵幽缪王。幽缪王继续重用郭开，并任命他为相国。

用这样的人做相国，赵国不亡，就真是天理难容了。

果真，当秦王再一次派奸细贿赂郭开时，他连一分钟都没耽误，就立刻入宫面见赵幽缪王，诬陷说：“李牧拥兵自重，有谋反叛逆的重大嫌疑。”

幽缪王这个糊涂蛋这次不知为何突然短暂清醒了一下，居然没有全信郭开的话，而是派了自己的亲信悄悄地到赵军的驻地查看实情。

然而不幸的是，亲信看到李牧跟秦将王翦之间不断有信使往来——打打谈谈能没有信使往来吗？

这下赵幽缪王又彻底变回糊涂蛋了，认为郭开所说为真，立刻下令革除李牧职务，改派赵葱、颜聚代替他。

据说李牧听完赵葱宣读的幽缪王命令后，认为其中有诈，拒绝服从。于是，郭开怂恿赵王派人逮捕李牧，将他捆绑起来，准备杀害。

临刑之前，李牧痛心疾首地感叹道：“当年廉颇身为赵国将军，却没有落个好下场，没想到他的遭遇今天轮到我头上了。”

李牧被杀之后，秦国大喜，派兵急攻，赵国再也没有能力抵抗。只过了几个月，秦军就攻下赵国都城邯郸，俘获了赵幽缪王等。公子嘉逃到了代地（大部在今河北境内）称王。

自此，赵国已经不是赵国，而是“代国”了。代国苟延残喘到公元前 222 年，也被秦国灭掉了。

赵国灭亡后，郭开回家搬运早前在聚敛起来的财物，在半路遇上一帮盗贼。那些盗贼把郭开身上的衣服剥得一丝不挂，然后将他绑在一棵大树上，上千人轮流在他身上每人割一刀，同时大喊一声“为李将军报仇！”最后把郭开割得只剩下了骨头和一摊血水。

据说这伙人都是李牧的部下，他们为了给李牧报仇，专门派人打入郭开府中充当耳目。在掌握了准确信息后，于途中设伏，为李牧将军报仇，然后带着四车财宝扬长而去。

“多行不义必自毙”，郭开的结局正好说明了这一点。

“壮士一去兮不复还”

“易水悲歌”，恸千古，撼人心。可惜，荆轲虽然是一个真勇士，结局却很悲壮……

吞韩灭赵后，秦国丝毫没有停下兼并的脚步，兵锋随即直指燕国边界。

不过，要想一帆风顺并不容易。这次秦王嬴政又碰上了一个“插曲”，这就是著名的“荆轲刺秦王”事件。

荆轲，战国末期卫国人，也称庆卿、荆卿、庆轲，是春秋时期齐国大夫庆封的后代。

荆轲从小就好读书善击剑，又精通音律，会唱歌，是个多才多艺的学者兼武士。不过，他的书究竟读到什么程度，谁也不知道。但他的剑术，应当算不上一等一的高手。因为，可以比较。

卫国被秦灭亡后，荆轲被迫四处游荡。有一次，他路过榆次，和住在当地的著名剑客盖聂谈论剑术。谁知两人话不投机，盖聂十分恼火，霸气十足地用眼睛瞪着他。荆轲见状，没说什么就离开了。

荆轲出去以后，有人建议再把荆轲叫回来。盖聂说：“不用了，我刚才跟他谈论剑术，他说的都是些外行话，估计他啥都不懂。所以，对他而言，最明智的选择就是离开。”

后来，荆轲到了邯郸。这一次，他和当地著名的剑客鲁句践不是比剑而是下棋，结果在输赢上发生了争执。鲁句践气愤地骂了荆轲，荆轲见状，连话都没说就离开了。

应当说，从上述两件事能看出，荆轲在剑术和棋术上都有所欠缺。但他面对盖聂的怒目而视和鲁句践的斥骂，都选择了沉默以对和悄然离开，说明荆轲在控制情感方面很有一套，或许这是他日后被选中做刺客的原因之一。

再后来，荆轲来到了燕国。他在这儿既不下棋，也不比剑，而是跟一个擅长乐器的当地人高渐离建立了深厚的友谊。两人经常一起在大街上喝酒、唱歌，惹得路人们驻足观看。

很自然地，就跟今天的“网红”似的，荆轲的名气越来越大，关注他的人也越来越多，其中包括江湖豪侠田光。田光觉得荆轲不像一般人，就跟他成了“忘年交”。

此时，秦军压境，燕国危在旦夕，燕国君臣十分害怕。这是很自然的，江山社稷一旦失去，他们就会成为阶下囚，从前的荣华富贵自然也就随风而逝。

尤其是太子丹更是惶惶不可终日。因为他本来在秦国做人质，是不久前才偷偷逃回来的。他害怕燕国灭国后，秦国人找他算账。

太子丹便向他的老师鞠武讨教。

鞠武告诉他说：“现在秦国那么强大，我们还能怎么办？要知道，在绝对的力量面前，任何智谋都不顶用。在没有想到万全之策前，咱们最好不要轻举妄动。”但是，太子丹并没有把这话听进去。

过了一段时间，秦国的大将樊於期因得罪秦王嬴政逃到了燕国。太子丹居然收留了他。

鞠武一听这个消息，赶紧跑来劝阻太子丹："秦王对燕国一直虎视眈眈，如果他知道樊将军在这里，那就是最好的战争借口。现在唯一的办法是将樊将军送到匈奴，然后和三晋联合，或许可以对付秦国。"但太子丹不听，执意要留下樊将军。

鞠武见劝不动太子丹，就对他说："燕国有位豪侠叫田光，有本事又有胆识，您可以找他商量一下，或许他能帮您想出一个万全的办法。"

虽说太子丹执意要把樊於期留下，但其实他也不知道留下之后应该怎么办。因此他便找到田光，希望他能给自己支一招。

田光听完太子丹介绍的情况后说："您只听说了我壮年时候的声名，却不知我现在已经老迈无用了。不过，我可以找另外一个人来帮您的忙。"

太子丹高兴地走了，临走时他小声对田光说："我告诉您的事，您和我谈的话，都是国家机密，还望先生不要泄露。"

田光听了微微一笑，俯身答道："放心。"

田光随即找到荆轲，对他说："我和你彼此要好，燕国没有谁不知道。如今太子有事求我，我却无力相帮，但我已经把你推荐给太子了，希望你前往宫中拜访太子。"

见荆轲点头同意了，田光又说："我曾答应过太子丹永远不将他告诉我的事说出去，现在我该履行承诺了。"说完便自刎而死。

荆轲马上去见太子丹，说了田光的情形。太子丹泪流满面。

待情绪平复之后，太子丹慷慨激昂地对荆轲说出了自己的真实用意："秦王要兼并天下之地，臣服海内之人，贪婪至极。现在秦国已经灭了韩、赵，接下来就该轮到燕国了。燕国力弱民少，根本不是秦国的对手。而各诸侯国害怕秦王，又不敢合纵。我私下有个不成熟的计策，认为如果能物色到一位天下的义士，派往秦国，用重利诱惑秦王。秦王贪婪，见机行事一定能达到我们的愿望。如果还能劫持秦王，让他全部归还侵占各国的土地，像当年曹刿劫持齐桓公那样，就好了；如若不成，就趁势杀死他。秦国的大将在外独揽兵权，而国内出了乱子，那么君臣将彼此猜疑。借此时机，东方各国得以联合起来，就一定能够打败秦国。这是我最远大的理想，却不知道把这使命托付给哪一位才好？”

太子丹说完这番话后，就用一双大眼睛眼巴巴地看着荆轲，意思不言自明。

荆轲没有立即说话，过了好一会儿，他才回答道：“此乃国家大事，恐怕我没那个本事。”

但后来架不住太子丹苦苦哀求，荆轲最终答应下来。不过荆轲也明确告诉太子丹说：“为了取得秦王的信任以接近他，我需要两件东西：一件是燕国西部地区的地图，第二件是樊於期的头颅。”

太子丹听完后为难地说道：“燕国地图好说，但樊将军是因为走投无路才来到燕国的，我怎么好把他杀了，能不能换一样东西？”

荆轲一看太子丹不忍心，知道多说无益，就私下里找到了樊於期，请求他舍弃自己的生命，成就刺秦大业。

被秦王害得家破人亡的樊於期为了复仇，不假思索地拔剑自刎，献出了宝贵的头颅。

太子丹又以重金买了一把极为锋利的匕首，让工匠把它放在毒药中浸泡，然后在犯人身上试验，只要刺出一点血来，人就会当即毙命。他让荆轲带上这把匕首，以备刺杀之用。

由于时间紧迫，荆轲一人又不太方便，太子丹便找了一个叫秦舞阳的勇士陪同荆轲前去。据说秦舞阳十三岁就杀过人，别人都不敢正眼看他。

这是公元前227年的隆冬时节，燕赵大地奇冷无比，荆轲悄然出发。太子丹穿着白衣戴着白帽来到易水河边为荆轲送别。这时，闻讯赶来的高渐离奏出悲壮的曲调，荆轲和着节拍唱道：“风萧萧兮易水寒，壮士一去兮不复还！”这就是著名的“易水悲歌”。

唱完，荆轲登上马车，飞驰而去，始终没有回头看一眼。

没几日，荆轲和秦舞阳来到秦国都城。秦王嬴政正在宫中与嫔妃们歌舞作乐，忽听内臣来报：“燕国使者荆轲，献樊於期的人头和燕国地图来了。”

秦王龙心大悦，急忙穿上朝服，在咸阳宫隆重召见燕国使者。

荆轲捧着装有樊於期头颅的盒子，秦舞阳捧着装有燕国地图的匣子，一前一后地走着。

当他们走到宫殿前面的台阶时，秦舞阳因为紧张和害怕脸色大变，浑身发抖。

秦国的大臣们感到很奇怪，纷纷嘀咕："这小子怎么回事儿，抖啥呢？"

还是荆轲机智稳重，回过头朝秦舞阳笑了笑，然后解释说："这小子没见过什么世面，所以害怕，希望大人们可以宽容他。"说完，他就拿过地图，一个人上了大殿。在殿上，他先把手里的盒子送了上去。

秦王打开一看非常高兴，果然是仇敌樊於期的人头。

然后，荆轲开始展开地图。那时候的地图都是画在绸缎上的，刺杀秦王的匕首就藏在这地图卷里。

荆轲慢慢展开地图，展到最后，只见一把寒光闪闪的匕首露了出来，即人们常说的"图穷匕见"。

嬴政大惊。

荆轲见事已败露，急忙以右手抢着匕首，左手抓住秦王的衣袖，向他刺去。秦王一跃而起，用力很大，被荆轲抓住的衣袖被挣断了。惊慌之间，秦王想拔身上的佩剑，但由于剑长，加之惊恐急迫，怎么也拔不出来。

宫殿两旁站着许多文武大臣，可按规定，他们谁也没带兵器。惊慌之中，也不知该怎么办。一时也来不及召唤殿下的卫士，秦王只好绕着殿上的大柱躲避，荆轲则紧追其后，两个人就像走马灯似的直转悠。

这时，秦王的御医急中生智，拿起手里的药袋对准荆轲扔了过去。荆轲用手一挡，药袋飞到一边去了。就在这一眨眼的工夫，秦王拔出宝剑，向荆轲砍去，一下砍断了他的左腿。

荆轲站立不住，倒在地上，忍痛把匕首向秦王掷过去。秦王急忙向旁边一闪，匕首从他耳边飞了过去，扎在柱子上。荆轲后来被一拥而上的秦宫卫士砍死。

刺秦行动宣告失败。

对于刺秦的失败，很多人扼腕叹息。有人认定，失败的原因在于荆轲的“剑术不精”，连东晋大诗人陶渊明都说：“惜哉剑术疏，奇功遂不成。”

那么，荆轲刺秦失败的真实原因真是剑术不精吗？应当说，这确实是荆轲刺秦失败的关键原因。

从刺秦的整个过程来看，荆轲的剑法实在难说高明。据《史记》记载，当时他应该至少有三次机会：第一次就是刚刚展开地图的时候，图穷匕见，离秦王那么近，秦王又毫无防备，本应是一个绝好的机会，要是高手，必会成功；第二次机会就是秦王“绕柱而走”的时候，群臣无一人佩有武器，有武器的卫士又不能私自进入大殿，仿佛空门的情况下，荆轲再次没有刺中，可见他的身手并不灵活；第三次是他被击倒后，投出匕首之时，匕首却只扎在柱子上。这三次机会荆轲都没抓住，就只能怪自己学艺不精了。

除了剑术不精，缺乏好的搭档恐怕也是刺秦失败的原因之一。

根据《史记》的记载，由于刺秦一事事关重大，而且困难重重，因此荆轲自始至终准备的都是两个人的行动计划。

《史记》对此记载说：“荆轲有所待，欲与俱；其人居远未来，而为留待。顷之未发，太子迟之，疑其改悔，乃复请之曰：‘日已近矣，荆卿岂有意哉？丹请得先遣秦舞阳。’荆轲怒，叱太子曰：‘何太子之遣？往而不反者，竖子也。且提一匕首，入不测之强秦。仆所以留者，待吾客与俱。今太子迟之，请辞决矣。’遂发。”

由上述记载可知，荆轲本来是要等待一位高手一同前往的，可是那位高手不知为何迟迟未到，而太子丹唯恐荆轲反悔，就自己挑选了秦舞阳与荆轲同去。

秦舞阳虽然十三岁就敢杀人，可毕竟有勇无谋，而且心理素质极差。这从他关键时刻浑身发抖即已看出。不得不说，秦舞阳的举动很可能引起了秦王的疑心，而且也增加了荆轲的心理负担。何况在整个刺秦行动中，也未见他有过什么样的举动。因此，荆轲完全是只身作战，刺秦的成功率自然大大降低。

当然，荆轲虽然失败了，但他不畏强暴，不怕牺牲，在国家多事之秋挺身而出的英勇无畏精神值得世人称道。

六国毕，四海一

当秦国大军以龙卷之势，扫尽六国的时候，一个崭新的时代也就开始了……

荆轲刺秦王的行动虽然失败了，但仍然让秦王嬴政对燕国的愤恨达到了顶峰，他随即命令秦军全力攻打燕国。

很快，燕国的都城蓟城被秦军攻陷，燕王喜和太子丹逃往辽东。

秦王继续派人追击燕王。燕王急了，就把策划刺杀秦王的太子丹，也就是自己的亲生儿子给杀了，并把他的人头送到秦国，想以此取得秦王的谅解。

但是一切都已经无法挽回了。此时的燕国已是砧板上的肉，就算没有太子丹，没有荆轲，秦国也是要将燕国灭亡的。

后来，燕国又坚持了五年。五年后，杀了亲生儿子的燕王喜还是成了秦国的俘虏。自此，燕国灭亡。

就在燕王喜逃往辽东的那年底，眼见燕国已成强弩之末，支撑不了多久了，秦王嬴政曾问尉缭下一步该如何行动。

尉缭说："现在已是隆冬，天寒地冻，我们暂且放过燕王，去攻打南边的魏国和楚国吧。"

秦王政听了尉缭的话，派王翦的儿子王贲率领精兵十万，先攻打魏国。魏王非常害怕，派人向齐国求救，然而齐王却不愿意帮助他。公元前225年，王贲引河水灌大梁，随即破城，俘虏了孤独无援的魏王。

自此，魏国也告灭亡。

下一步该轮到楚国了。

应当说，在秦国灭六国的战争中，虽然出现过一些小波折，但总体上还是顺利的，秦军节节胜利，一路势如破竹。然而到了楚国这儿，却碰了个大钉子。

这时的楚国其实还具有强大的经济和军事实力，然而秦王嬴政一开始并没有太把楚国当盘菜。毕竟这是一个屡败于秦的国家，还能翻起多大的风浪?

出征前，自信满满的秦王请手下的将领估算一下，灭楚国需要多少兵马?结果老将王翦说是六十万，年轻将领李信说是二十万。

秦王认为王翦上了年纪，胆量不足，就给李信二十万人马，让他讨伐楚国。王翦很生气，就告病回乡了。

李信一开始指挥得还不错。他到了楚国后，先将军队分成两路，自己带领一路军马，部将蒙武率领另一部分军队。不久，李信就攻下了平舆，蒙武也顺利地攻下了另一座城池。

年轻总是容易气盛，李信也是这样。当大军取得一定胜利后，他就由自信变成自负，下令加速行军，计划直取楚国都城。

但是，由于李信的这支军队推进速度太快，远离了供给基地和友军，陷入了孤立无援的境地。

而此时，楚国大将项燕率军跟在李信军队的后面，经过三天三夜的急行军后，终于赶上李信，杀了他个措手不及。李信战败，只好带着残兵败将回到了咸阳。

看见李信狼狈而归，秦王吃惊不小。他本来想着小成本高收益，没想到这下倒好，连本儿都搭进去了。没办法，只好又去找老将军王翦。

王翦也不含糊，对秦王说："若要微臣带兵伐楚，没有六十万军队难以完成任务!"

当时秦国正规军满打满算也就只有六十万左右，也就是说，王翦要秦王把所有家底儿都给他。对此，秦王嬴政是有过一丝犹豫的，但他稍加思索，就满口答应下来。

王翦又说："还请大王赐臣一些良田、宅院。"

秦王说："老将军只管带兵打仗，寡人是不会亏待你的！"

王翦认真地说："臣除了打仗还有两下子外，别的都不懂，也不可能封侯。因此希望大王赐我一些些田宅，不然子孙后代会埋怨我没本事。"

功未立却一而再地索要报酬，这让秦王心里有些不悦，但为了大局，他还是满口答应了。

戎马一生的王老将军怎么突然变得如此贪婪？连王翦的一位副将也看不下去了，但他不敢直接发问，便拐弯抹角地问道："老将军是担心凯旋后大王不奖赏？"

王翦哈哈一笑说："不是我对大王不放心，而是大王对我不放心。如今秦国的主力军六十万都在我手里，我可以用他们南下灭了楚国，也可以回头灭了秦国。大王从决定让我领六十万大军南下的那一刻起，就开始疑虑重重了。而且，一旦战争出现一些意外，或者朝中有人一煽动，在大王面前告几句刁状，我王翦和家人就死无葬身之地了。所以，我才如此不厌其烦地向他要东要西，以此让多疑的大王彻底打消对我的疑虑。让他知道我胸无大志，绝不存有其他的狼子野心。"

听了王翦的话，副将佩服之至！姜，还真是老的辣。

要求都得到满足后，王翦威风凛凛地出发了。

王翦带兵来到楚国。此时，楚王也知道决定命运的一刻到了，因此他把全国的军队都调集起来，交给项燕，让他抵御王翦。

两军还未相接，王翦先行登上高处观察。只见楚军一个个精神抖擞，摩拳擦掌。再回头一看自己的部队，个个哈欠连天。

征战一生的王老将军当然明白，自己的部队需要休整。孙子不是早就说过嘛，要避其锐气，击其惰归。于是秦军只管埋头挖战壕、筑堡垒，就是不出营打仗。任凭楚将项燕如何挑战，也不理会。

而且，王翦还很会调节官兵情绪，时不时地就在军营里举行歌唱比赛，或者有奖猜谜等，使得秦军将士由从前的疲惫变得精神饱满。

楚军则正好相反。时间一长，他们见秦军只是龟缩军营不出战，防备思想就渐渐松懈下来。思想一松懈，人就容易没精神，注意力也开始打折扣。

就在这时候，王翦突然率领军队向楚军发起进攻。

楚国军队见秦军以排山倒海之势杀来，顿时惊慌失措，勉强抵抗了一阵后，全都四散逃命去了。

秦军乘胜追击，于公元前223年攻到楚都寿春，将末代楚王俘虏了。这时，项燕渡过长江，想以此为天险，对抗秦国大军。可是，王翦在江北造了许多战船，又加紧训练水军，终于渡过长江。项燕难以取胜，拔剑自尽。

自此，春秋战国时代的超级大国楚国也灭亡了。

楚国一灭亡，秦国统一天下的道路上，就只剩下了最后一个障碍——齐国。秦王是肯定不会让齐国共分天下的。

公元前221年，秦国由王贲率军，杀奔了最后一个目标齐国。这时候齐国的国君，是在位已四十四年的齐王建。

当年，齐湣王穷兵黩武，导致齐国差点儿被乐毅灭掉。齐襄王勉强复国后，一直都保持低调。齐襄王去世后，他的儿子田建继位，仍然保持低调策略，并在秦国远交近攻策略的感召下，与秦国保持了良好的关系。

也正因为如此，齐王建一直存有一个错觉，认为秦国是他的“铁哥们儿”，不会把他怎么样。所以这些年来，凡是找上门来，请求齐国伸出援手抵抗强秦的，齐王建都一概拒绝。

谁知这下报应来了，所有的诸侯国都灭亡了，谁还能救他？结果秦军一到，已四十多年没有打过仗的齐国军队，毫无抵抗之力。王贲兵不血刃地平定了齐国。

齐国一灭亡，春秋战国几百年的战乱纷争局面也宣告结束。后来李白写诗赞颂道：

秦王扫六合，虎视何雄哉？
挥剑决浮云，诸侯尽西来。

随着“秦王扫六合”的实现，中国历史进入了一个崭新的阶段。然而对于秦王嬴政来说，“扫六合”不过是他政治人生的开篇。接下来，还有更多更重要的目标等着他去实现。

那么，秦王嬴政到底还做了些什么，而这些又对中国历史产生了怎样的影响呢？请看拙著《大秦帝国与楚汉相争》。